PETER BISCHOFF

Kleinstunternehmer*innen und gesellschaftlicher Zusammenhalt

AF286352

Soziologische Schriften

Band 88

Kleinstunternehmer*innen und gesellschaftlicher Zusammenhalt

Von

Peter Bischoff

Duncker & Humblot · Berlin

Eine Publikation des Forschungsinstituts Gesellschaftlicher Zusammenhalt (FGZ)
der Martin-LutherUniversität Halle-Wittenberg, Institut für Soziologie.

Bibliografische Information der Deutschen Nationalbibliothek

Die Deutsche Nationalbibliothek verzeichnet diese Publikation in
der Deutschen Nationalbibliografie; detaillierte bibliografische Daten
sind im Internet über http://dnb.d-nb.de abrufbar.

Alle Rechte vorbehalten
© 2024 Duncker & Humblot GmbH, Berlin
Satz: Textforma(r)t Daniela Weiland, Göttingen
Druck: CPI Books GmbH, Leck
Printed in Germany

ISSN 0584-6064
ISBN 978-3-428-19246-5 (Print)
ISBN 978-3-428-59246-3 (E-Book)

Gedruckt auf alterungsbeständigem (säurefreiem) Papier
entsprechend ISO 9706 ♾

Internet: http://www.duncker-humblot.de

Vorwort

Obwohl Kleinstuntnehmer*innen eine bedeutsame Erwerbsgruppe darstellen, finden sie in der sozialwissenschaftlichen Einstellungsforschung bislang wenig Beachtung. In Deutschland sind gegenwärtig etwa 1,6 Millionen Erwerbspersonen als Kleinstuntnehmer*innen tätig. Sie beschäftigen etwa 18 Prozent der in Deutschland abhängig beschäftigten Arbeitnehmer*innen und erwirtschaften etwa 20 Prozent der nationalen Bruttowertschöpfung. Im Unterschied zu abhängig beschäftigten Arbeitnehmer*innen ist ihre Erwerbssituation durch eine Reihe von Besonderheiten und Risiken geprägt, wie bspw. die Unsicherheit und ggf. Unregelmäßigkeit des erzielbaren Erwerbseinkommens oder die in der Regel kostenintensivere und mit einem höheren Aufwand verbundene Inanspruchnahme sozialer Sicherungssysteme.

Der vorliegende Beitrag wurde am Forschungsinstitut Gesellschaftlicher Zusammenhalt (FGZ) der Martin-Luther-Universität Halle-Wittenberg im Rahmen des vom Bundesministerium für Bildung und Forschung (BMBF) geförderten Projektes „Kleinstunternehmer*innen im Kontext institutioneller Regeln und lokaler Verwaltungspraktiken" ausgearbeitet. Ihm liegt die zentrale Annahme zugrunde, dass die besondere wirtschaftliche und soziale Verantwortung wie auch die Spezifik der Erwerbssituation von Kleinstunternehmer*innen ihr Verständnis von sozialer Gerechtigkeit und gesellschaftlichem Zusammenhalt prägen. Auf Grundlage der Befragungsdaten des Regionalpanels 2021 des FGZ war die Möglichkeit gegeben, genauer in den Blick zu nehmen, wie sich Kleinstunternehmer*innen zu Fragen des gesellschaftlichen Zusammenhaltes „positionieren", sowie zu untersuchen, ob und inwieweit rechtspopulistische oder verschwörungsideologische Auffassungen ihre Perspektiven auf gesellschaftlichen Zusammenhalt beeinflussen oder gar bestimmen.

Für die Untersuchung dieser Fragestellungen wurde insbesondere das viel diskutierte, von Andreas Reckwitz vorgeschlagene Sozialstruktur-Modell der Spätmoderne unterlegt und geprüft, inwieweit sich die in diesem Konzept angenommenen Zusammenhänge zwischen der jeweiligen Klassenzugehörigkeit einerseits und der jeweiligen kulturellen und politischen Ausrichtung andererseits auf die Gruppe der Kleinstunternehmer*innen übertragen lassen. Die im Rahmen der Auswertung ermittelten Befunde sind an mehreren Stellen durchaus überraschend.

Für die geduldige fachliche Unterstützung und die wertvollen Hinweise bei der Bearbeitung des vorliegenden Beitrages möchte ich mich an dieser Stelle ausdrücklich bei Herrn Professor Dr. Reinhold Sackmann sowie bei Herrn Professor Dr. Oliver Arránz Becker vom Institut für Soziologie der Martin-Luther-

Universität Halle-Wittenberg bedanken. Für die ebenso geduldige Durchsicht des Publikationsmanuskriptes gilt mein besonderer Dank meiner Frau Dr. Ursula Bischoff.

Halle/Leipzig, 28.06.2024 *Peter Bischoff*

Inhaltsverzeichnis

Tabellenverzeichnis

Abbildungsverzeichnis

A. Einleitung

In Deutschland, wie auch innerhalb der westlichen Gesellschaften, ist seit Jahren eine zunehmende Verbreitung rechtspopulistischer, rassistischer und verschwörungsideologischer Einstellungen zu konstatieren. Dass derartige Einstellungsmuster mit „partikularistischen Solidaritätsnormen und -praktiken"[1] verbunden sind, die bestimmte Menschengruppen herabsetzen und ausgrenzen, hat zu einer intensiven und breit angelegten Forschung zu Fragen des gesellschaftlichen Zusammenhaltes geführt.[2]

Im vorliegenden Beitrag, der am Forschungsinstitut Gesellschaftlicher Zusammenhalt (i. W. FGZ) der Martin-Luther-Universität Halle-Wittenberg im Rahmen des Projektes „Kleinstunternehmer*innen im Kontext institutioneller Regeln und lokaler Verwaltungspraktiken" ausgearbeitet wurde, stehen Kleinstunternehmer*innen und deren Perspektiven auf Fragen des gesellschaftlichen Zusammenhalts im Mittelpunkt.[3]

---

[1] Forschungsinstitut Gesellschaftlicher Zusammenhalt (i. W. FGZ), 2020, S. 31.

[2] Vgl. ebd.

[3] Das Forschungsinstitut Gesellschaftlicher Zusammenhalt (FGZ) wurde im Jahr 2020 als dezentrales und interdisziplinäres Forschungsinstitut gegründet und wird vom Bundesministerium für Bildung und Forschung (BMBF) gefördert.

B. Gesellschaftlicher Zusammenhalt –
Was ist das?

Die bisherigen Überlegungen zum Begriff „Gesellschaftlicher Zusammenhalt" zeigen eine erhebliche Bandbreite theoretischer Herangehensweisen. Hierbei spielen Konzepte eine Rolle, die bestehenden sozialen Ungleichheiten einen zentralen Einfluss auf das Verständnis von gesellschaftlichem Zusammenhalt zuschreiben oder sozialen Zusammenhalt als quasi normativen „Grundkonsens" definieren, der „die gemeinsame Anerkennung der in der Verfassung niedergeschriebenen Regeln und Grundprinzipien einer Demokratie" beinhaltet oder zumindest auf eine „allgemeine" Gemeinwohlorientierung ausgerichtet ist. Andere Herangehensweisen interpretieren gesellschaftlichen Zusammenhalt eher „kulturell", d. h. „als Heimatverbundenheit und Identifikation mit einer kulturell homogenen Wertegemeinschaft, als durch soziale Gerechtigkeit geprägte solidarische Sozialbeziehungen",[1] „als subjektive Einstellungen gegenüber Mitbürger*innen und Gemeinwesen [...] als geteiltes Set von Werten und Idealen",[2] die zugleich einen räumlichen Bezug aufweisen.[3] Aktuelle Untersuchungen des FGZ verweisen auf die Bedeutung sozialer Netzwerke und konstatieren im Hinblick auf Einstellungen zu Fragen des gesellschaftlichen Zusammenhaltes eine zunehmende Polarisierung zwischen sozialstrukturell und lebensweltlich „segregierten Bekanntschaftsnetzwerken".[4]

Letztlich hat die wissenschaftliche Auseinandersetzung mit dem Begriff „gesellschaftlicher Zusammenhalt" und seinen zentralen Aspekten erst begonnen.[5] Hierbei wird weiterhin die Frage im Mittelpunkt stehen, „welche Faktoren welche Vorstellung von gesellschaftlichem Zusammenhalt begünstigen oder hemmen und wie diese Vorstellungen das Handeln unterschiedlichster Akteur*innen informieren".[6]

Im Rahmen dieses Beitrages ist die Annahme forschungsleitend, dass es sich bei Kleinstunternehmer*innen um eine Gruppe mit einer differenzierten sozialstrukturellen Zusammensetzung handelt. Deshalb liegt es nahe, an Überlegungen und Konzepte anzuknüpfen, die davon ausgehen, dass die Perspektiven auf Fragen des gesellschaftlichen Zusammenhaltes durch sozialstrukturelle „Positionen" geprägt werden.

---

[1] *Deitelhoff* et al., 2020, S. 13.
[2] FGZ, 2020, S. 8 ff. und S. 28 ff.
[3] Vgl. *Sackmann/Mayer*, 2024.
[4] Vgl. *Teichler* et al., 2023, S. 99.
[5] Vgl. FGZ, 2020, S. 28.
[6] FGZ, 2020, S. 28.

Hierfür erscheint uns das aktuell vielseitig diskutierte Konzept von Andreas Reckwitz, welches für die Spätmoderne eine sozialstrukturelle Dreiteilung der Gesellschaft in eine „neue Mittelklasse", eine „alte Mittelklasse" sowie eine „prekäre Klasse" unterstellt, einen interessanten und zugleich neuartigen Zugang zu bieten. Neben der jeweiligen „sozialen Lage", die vor allem mit dem Bildungs-, beruflichen Qualifikations- sowie Einkommensniveau im Zusammenhang steht, bilden nach Reckwitz die jeweiligen kulturellen Werte und Muster der Lebensführung sowie damit verbundenen politischen Orientierungen die zentralen und zugleich neuen Differenzierungsmerkmale der Sozialstruktur der Spätmoderne.[7]

Die „neue Mittelklasse" ist nach Reckwitz eine „Akademikerklasse", d. h. „die Klasse der Hochqualifizierten", „die in der Regel über einen Hochschulabschluss verfügen und in der Wissensökonomie im weitesten Sinne beschäftigt sind". In räumlicher Hinsicht ist die neue Mittelklasse zugleich „eine urbane Klasse", „die auf die Metropolregionen sowie einige kleinere Großstädte (vor allem Universitätsstädte) konzentriert ist".[8] Im Hinblick auf kulturelle und gesellschaftsbezogene Wertorientierungen „setzt" die neue Mittelklasse „auf gesellschaftliche Öffnung – von ökonomischer Globalisierung bis zu einer Pluralisierung der Identitäten und einer Vorstellung von Migration als Bereicherung" und ist damit nach Reckwitz „eindeutig die Trägerin des politischen Kosmopolitismus".[9] „Gesellschaftlicher Wandel" wird von der neuen Mittelklasse „als Chance wahrgenommen".[10]

Demgegenüber „umfasst die alte Mittelklasse vor allem Personen in mittleren beruflichen Positionen mit mittleren Bildungsabschlüssen: Facharbeiter, Angestellte mit Berufsausbildung, die klassische Büro- und Dienstleistungstätigkeiten ausüben, Beamtinnen im mittleren Dienst" und eben auch „selbstständige Handwerker".[11] Ihre „sozialräumliche Verortung" sieht Reckwitz vor allem „in Klein- und Mittelstädten sowie im ländlichen Raum".[12] Das „Ethos der Arbeit, der Familie und Region" sind für die alte Mittelklasse zentrale Lebensprinzipien.[13] „Materielle Sicherheit" und ein tradiertes Geschlechterverständnis sind weitere Grundorientierungen.[14] Aufgrund der „starke[n] regionale[n] und lokale[n] Verwurzelung sind die soziale[n] Kontakte in der Regel auf den Wohnort bezogen".[15] „Gesellschaftlichen Wandel" [...] „begreift die alte Mittelklasse [...] eher als Bedrohung ihres kulturellen Einflusses und sozialen Status" und „fühl[t] sich [...] an die Peripherie gedrängt".[16]

---

[7] Vgl. *Reckwitz*, 2019, S. 85 ff.; *Reckwitz*, 2021.
[8] *Reckwitz*, 2019, S. 90–91.
[9] Ebd., S. 95.
[10] Ebd., S. 102.
[11] Ebd., S. 97.
[12] Ebd., S. 98.
[13] Ebd., S. 99.
[14] Ebd., S. 99.
[15] Ebd., S. 99.
[16] Ebd., S. 102.

Bei der „prekäre[n] Klasse" handelt es sich nach Reckwitz „um eine Klasse mit strukturell unsicheren Lebensbedingungen". Sie teilt sich in drei Gruppen: ein Teil, „der von staatlicher oder familiärer Unterstützung lebt", zum anderen „das sogenannte Dienstleistungsproletariat oder die service class" sowie zum dritten „Arbeitnehmer*innen und Arbeitnehmer in angelernten und tendenziell unsicheren Tätigkeiten des industriellen oder landwirtschaftlichen Sektors".[17] Die prekäre Klasse verfügt nach Reckwitz nur über ein geringes „ökonomische[s]" und „kulturelle[s] Kapital", konzentriert „die sogenannten ‚Niedrigqualifizierten'" und „nimmt" sich selbst „als ‚sozial abgehängt' wahr".[18] In sozialräumlicher Hinsicht ist sie vor allem „urbane[s] Dienstleistungsproletariat" mit einem überdurchschnittlichen Anteil von Frauen.[19]

Eine zentrale These von Reckwitz bezieht sich darauf, dass die Herausbildung der drei Klassen ab Mitte der siebziger Jahre durch einen „gesellschaftlichen Umbruch" der Grundmuster der „Lebensführung" ausgelöst wurde[20] und zu einem sozialen und kulturellen „Aufstieg" der „neuen Mittelklasse" geführt hat[21], welcher vonseiten der „alten Mittelklasse", die nach Reckwitz einem sozialen und kulturellen „Abstieg" unterlag, als „Bedrohung ihres kulturellen Einflusses und sozialen Status" wahrgenommen wird.[22] Zwischen beiden Klassen hat dies in der Folge zu einer „Polarisierung",[23] d. h. zu ausgeprägten kulturellen und politischen Gegensätzen geführt, sodass der Rechtspopulismus „in Teilen der alten Mittelklasse eine seiner wichtigsten Trägergruppen" gefunden hat.[24]

Nach Reckwitz ist die Sozialstruktur der Spätmoderne zugleich „von vornherein mit einer bestimmten sozialräumlichen Struktur" verbunden, „ohne die sie", nach Reckwitz, „gar nicht verständlich ist".[25]

Die Kritik an dem Konzept von Reckwitz bezieht sich auf mehrere der von Reckwitz getroffenen Annahmen.

Kumkar und Schimank verweisen darauf, dass das Dreiklassen-Modell von Reckwitz sowie die hierbei unterstellten Bevölkerungsanteile von jeweils etwa 30 Prozent empirisch nicht belegt sind. Weitere Kritikpunkte von Kumkar und Schimank beziehen sich auf den von Reckwitz postulierten, ab Mitte der Siebzigerjahre einsetzenden „gesellschaftlichen Umbruch" der „Grundmuster der Lebensführung", der zur Herausbildung der drei Klassen geführt haben soll.[26] Beide Autoren

---

[17] Ebd., S. 103.
[18] Ebd., S. 103 und 106.
[19] Ebd., S. 113.
[20] Ebd., S. 83–84 und 89.
[21] Ebd., S. 89.
[22] Ebd., S. 102.
[23] Ebd., S. 72.
[24] Ebd., S. 102.
[25] Ebd., S. 110.
[26] *Kumkar/Schimank*, 2021, S. 20.

stellen zudem die These vom „Aufstieg" der „neuen Mittelklasse" und „Abstieg" der „alten Mittelklasse" sowie die in diesem Zusammenhang von Reckwitz behauptete kulturelle und politische „Polarisierung" zwischen beiden Klassen („Konfrontations-These") in Frage.[27] Aus Sicht von Kumkar und Schimank ist demzufolge auch nicht davon auszugehen, dass „Teile der ‚alten Mittelklasse'" aufgrund ihres vermeintlichen Abstiegs „anfällig für Rechtspopulismus würden".[28]

Sachweh weist darauf hin, dass es sich bei den von Reckwitz angenommen Polarisierungseffekten zwischen der neuen und alten Mittelklasse ebenso um Generationeneffekte handeln könnte.[29]

Für Mau stellt vor allem die von Reckwitz quasi a priori vorgenommene Verknüpfung von (sozialer) „Struktur" und „Kultur" ein gravierendes analytisches Hindernis dar. Er bezweifelt, dass bspw. die der neuen Klasse zugeschriebenen (subjektiven) Einstellungen und Werte in einem „konsistenten ideologischen Portfolio", d. h. in einem homogenen ideologischen (Klassen-)Profil zusammengefasst werden können.[30]

Aus unserer Sicht könnte ein weiterer, indirekt auch von Mau[31] angesprochenes Defizit des Modells von Reckwitz darin bestehen, dass die völlig unterschiedlichen gesellschaftlichen, insbesondere ökonomischen und politischen Rahmenbedingungen in Ost- und Westdeutschland, die einen gewichtigen Einfluss auf Sozialisationsverläufe und damit auf das Profil der postulierten Klassen haben, von Reckwitz nicht thematisiert werden. Die Impulse und Auslöser der Herausbildung der Klassen der Spätmoderne werden von Reckwitz ausschließlich an der Entwicklung „westlicher Gesellschaften" festgemacht.[32] Insofern bleibt aus unserer Sicht offen, inwieweit bzw. unter welchen Voraussetzungen das Modell auch auf die ostdeutschen Bundesländer übertragbar ist.

Trotz der Kritik an dem von Reckwitz vorgeschlagenen Sozialstruktur-Modell herrscht in der gegenwärtigen Wissenschaftsdebatte eine gewisse Einigkeit darüber, dass es lohnenswert erscheint, das Modell einer weiterführenden empirischen Prüfung zu unterziehen.[33] Reckwitz selbst fordert hierzu ausdrücklich auf und verweist in seiner Replik auf Kumkar und Schimank darauf, dass es sich bei dem von ihm vorgeschlagenen Modell (vorerst) um ein theoretisches Konzept im Sinne eines „begrifflich-theoretischen Experiments" handelt.[34]

---

[27] Ebd., S. 26.
[28] Ebd., S. 25–26 und S. 28.
[29] Vgl. *Sachweh*, 2021, S. 185.
[30] *Mau*, 2021, S. 169–170.
[31] Ebd., S. 166–167.
[32] Ebd., S. 77 ff.
[33] Vgl. *Kumkar/Schimank*, 2021, S. 28; *Burzan*, 2021, S. 162; *Nachtwey*, 2021, S. 178; *Sachweh*, 2021, S. 185–186; *Mau*, 2021, S. 171.
[34] *Reckwitz*, 2021, S. 34 f.

Wir schließen uns diesem Gedanken an und wollen mit dem vorliegenden Beitrag das nach wie vor unzureichende sozialwissenschaftliche Bild über Kleinstunternehmer*innen weiter schärfen und prüfen, ob sich das von Reckwitz vorgeschlagene Modell für eine sozialstrukturelle Differenzierung der Gruppe der Kleinstunternehmer*innen eignet. Dabei geht es vor allem um die Frage, inwieweit sich die von Reckwitz angenommenen Zusammenhänge zwischen der jeweiligen Klassenzugehörigkeit einerseits sowie der jeweiligen kulturellen und politischen Ausrichtung andererseits empirisch bestätigen lassen und welche Auswirkungen dies ggf. darauf hat, wie sich Kleinstunternehmer*innen zum Thema gesellschaftlicher Zusammenhalt „positionieren". Folgende Fragen sind forschungsleitend:

(Wie) Lassen sich Kleinstunternehmer*innen in das Drei-Klassen-Modell von Reckwitz einordnen?

Ist bei Kleinstunternehmer*innen eine „Polarisierung" von gesellschaftsbezogenen Einstellungsmustern nachweisbar, die sich auf die Zugehörigkeit zu einer der von Reckwitz definierten Klassen zurückführen lässt?

Wie wirkt sich eine derartige Polarisierung auf die Bewertung von Fragen des gesellschaftlichen Zusammenhalts aus?

Welche Einflussfaktoren sind hierbei bedeutsam?

C. Kleinstunternehmen in Deutschland –
Entwicklung und aktuelle Situation

Das Klein- bzw. Kleinstunternehmertum hat in Deutschland eine lange Tradition.[1] Kleinstunternehmer*innen bilden nach wie vor eine bedeutende Erwerbsgruppe. Ihre Anzahl beläuft sich gegenwärtig auf 2,6 Mio. Personen, das sind etwa 5,6 Prozent aller Erwerbspersonen in Deutschland. Sie beschäftigen etwa 18 Prozent aller in Deutschland abhängig beschäftigten Arbeitnehmer*innen. Ihr Anteil an der Bruttowertschöpfung liegt bei etwa 20 Prozent, wobei sie etwa 6,5 Prozent des in Deutschland erzielten Gesamtumsatzes erwirtschaften.[2]

Seit 2003 werden Kleinstunternehmen EU-weit nach Betriebsgröße sowie erzieltem Jahresumsatz bzw. erzielter Jahresbilanzsumme von anderen Unternehmensformen bzw. -größen abgegrenzt. Danach werden Unternehmen, die weniger als zehn Mitarbeiter*innen und einen Jahresumsatz oder eine Jahresbilanzsumme von höchstens 2 Millionen Euro haben, als Kleinstunternehmen definiert.[3]

Aus historischer Sicht ist vor dem Hintergrund der bis 1990 bestehenden Teilung Deutschlands für West- und Ostdeutschland eine sehr unterschiedliche Entwicklung des Kleinstunternehmertums zu konstatieren, sodass in dieser Hinsicht nicht von einer „homogenen Formation" des bestehenden Kleinstunternehmertums ausgegangen werden kann.

In der Nachkriegszeit führte die Ära des „Wirtschaftswunders" mit Einführung der sozialen Marktwirtschaft in Westdeutschland zu einem historisch beispiellosen Wirtschaftsaufschwung, von dem auch der Klein- und Mittelstand enorm profitierte.[4] Dagegen hatte im Osten Deutschlands die auf die sogenannte Vergesellschaftung der Produktionsmittel und Abschaffung von privaten Unternehmen ausgerichtete Staatspolitik ab 1945 zu einem rapide fortschreitenden Niedergang von klein- und mittelständischen Unternehmen geführt, der Anfang der 1970er-Jahre durch weitere staatliche Maßnahmen nochmals forciert wurde.[5]

Mit der deutsch-deutschen Wiedervereinigung setzte in Ostdeutschland im Zuge der sogenannten ökonomischen Transformation des Wirtschaftssystems der

---

[1] Vgl. *Winkler*, 1972.

[2] Stand: 2020/2021; vgl. *Sauer/Wohlrabe*, 2022; *Kritikos*, 2020.

[3] Empfehlung der EU-Kommission vom 6. Mai 2003; vgl. Amtsblatt der EU L 124/36 vom 20.05.2003.

[4] Vgl. *Hamel*, 1983, S. 65 ff., S. 74, S. 79 f.

[5] Vgl. u. a. *Hamel*, 1983, S. 73, S. 77 f. und S. 102 f.; *Ebbinghaus*, 2003, S. 31 ff.; *Kaiser*, 1990; *Paraskewopoulos*, 2017, 99 ff.

ehemaligen DDR in das System der sozialen Marktwirtschaft quasi ein „Neubeginn" des klein- und mittelständischen Unternehmertums ein, der bis etwa 1995 mit einem regelrechten Gründungsboom verbunden war.[6] Vor dem Hintergrund der massenhaften Schließung von ehemaligen Betrieben der DDR und der damit verbundenen, historisch beispiellosen Massenarbeitslosigkeit, kann angenommen werden, dass für eine große Zahl der ostdeutschen Neugründer*innen die Gründung eines eigenen Unternehmens zumindest anfänglich eher eine Zwangsoption darstellte, einer bereits bestehenden oder drohenden Arbeits- und Erwerbslosigkeit zu entgehen. Dieser Umstand, zu geringe Eigenkapitalressourcen, das fehlende marktwirtschaftliche und unternehmensbezogene Wissen[7] sowie die Möglichkeit, wieder in ein abhängiges Beschäftigungsverhältnis „zu gelangen", führten dazu, dass der ostdeutsche Nachwende-Gründungsboom mit erheblichen „Turbulenzen des ostdeutschen Unternehmerbestandes" verbunden war.[8] Etwa die Hälfte der in diesem Zeitraum zu verzeichnenden Neugründungen wurde wieder abgemeldet bzw. ging in die Insolvenz.[9]

Ähnliches lässt sich für die ab 2003 in Gesamtdeutschland zu verzeichnende „Gründungswelle" konstatieren, die durch entsprechende Förderangebote der Bundesagentur für Arbeit ausgelöst wurde,[10] wenngleich hier über die Hälfte der auf dieser Fördergrundlage gegründeten Unternehmen über einen längeren Zeitraum fortbestand.[11]

In der Post- bzw. Spätmoderne finden sich Kleinstunternehmer*innen sowohl in klassischen Gewerben wie Handwerk und Einzelhandel als auch in stärker wissensbasierten Wirtschafts- und Dienstleistungsbranchen sowie freien Berufen. Im Hinblick auf Bildungsabschlüsse und berufliche Qualifikationen ist dies mit einer erheblichen Variationsbreite verbunden, die von einer abgeschlossenen beruflichen Ausbildung bis hin zu einem akademischen Abschluss reicht.

Daneben sind Kleinstunternehmen in unterschiedlichen Betriebsgrößen tätig, vom Solo-Unternehmen ohne Mitarbeiter*innen bis zu Unternehmen mit bis zu 9 Mitarbeiter*innen. Sowohl die fachliche Ausrichtung als auch die Betriebsgröße entscheiden nicht unwesentlich über die erzielbare Einkommenshöhe und somit materielle Situation von Kleinstunternehmer*innen, wie sich auch im Rahmen der vorliegenden Auswertungen zeigt (siehe Abschnitt D. VI.).

---

[6] Im Zeitraum von Juli 1990 bis Mitte 1995 wurde in den neuen Bundesländern ohne Berücksichtigung von Landwirtschaft und freien Berufen etwa eine Million Gewerbebetriebe angemeldet, vorrangig im Bereich Handel, Gastronomie und Handwerk. Im etwa gleichen Zeitraum wurden ca. 520.000 Gewerbe abgemeldet. Vgl. *Fritsch*, 1997, S. 119 ff.; *Kaven*, 2007, S. 37.

[7] Vgl. *Fritsch*, 1997, S. 122.

[8] Ebd.

[9] Vgl. ebd., S. 119 ff.; *Kaven*, 2007, S. 37.

[10] „Ich-AG" mit Existenzgründerzuschuss oder Überbrückungsgeld. Vgl. *Caliendo* et al., 2009.

[11] Vgl. ebd.

Unabhängig davon, welches Milieu-Modell oder Sozialstruktur-Modell zugrunde gelegt wird, wird deutlich, dass es sich bei Kleinstunternehmer*innen mitnichten um eine homogene Gruppe handelt.

Was wissenschaftliche Untersuchungen zum Kleinstunternehmertum betrifft, so beziehen sich diese vorrangig auf betriebswirtschaftliche Aspekte, gesetzliche Regelungen sowie Fragen der sozialen Absicherung. Hierzu liegt eine Vielzahl an Forschungsbeiträgen vor.[12] Demgegenüber sind nach unserem bisherigen Überblick bislang nur wenige sozialwissenschaftliche Untersuchungen zu finden, die sich explizit auf gesellschaftsbezogene Wertorientierungen oder politische Einstellungen von Kleinstunternehmer*innen beziehen.

Dass bei Kleinstunternehmen ebenso wie bei kleinen, mittleren und großen Unternehmen eine quasi politische Erwartungshaltung in Richtung der Gewährleistung eines staatlichen „Schutzes" besteht, ist nicht nur aktuell bedeutsam, sondern hat in Deutschland eine längere Tradition. Wie die Untersuchungen von Winkler am Beispiel der Weimarer Republik und der Zeit des Nationalsozialismus zeigen, war bei klein- und mittelständischen Unternehmen in den Zwanziger- und Dreißigerjahren vor dem Hintergrund der Weltwirtschaftskrise und einer „Bedrohung" durch die aufkommende Monopolisierung von Wirtschaft und Handel eine permanente „Suche" nach „*der*" politischen Partei auszumachen, welcher ein wirksamer staatlicher Protektionismus am ehesten zugetraut wurde.[13] Ab Anfang der 1930er-Jahre mündete dies aufgrund der klein- und mittelstandsbezogenen Versprechungen der „Mittelstandsideologen der NSDAP"[14] in einer zunehmenden Hinwendung des Kleinst- und Mittelstandes zur Nationalsozialistischen Deutschen Arbeiterpartei (NSDAP), was sich in einem entsprechenden Wahlverhalten bei den Wahlen 1930 und 1932 ebenso niederschlug[15] wie in den Mitgliederzahlen der NSDAP.[16]

Trotz der beschriebenen sozialstrukturellen Heterogenität der Gruppe der Kleinstunternehmer*innen kann davon ausgegangen werden, dass Kleinstunternehmer*innen im Hinblick auf die Gestaltung des eigenen Erwerbsprozesses ein hohes Maß an Eigenverantwortung eint. Gerade das Moment der täglich neu und planvoll auszurichtenden Tätigkeit des eigenen Unternehmens erfordert ein hohes Maß an Verantwortungsbewusstsein, welches bspw. auch die Verantwortung für die in Kleinstunternehmen Beschäftigten einschließt. Daraus könnte im Kontext von gesellschaftlichem Zusammenhalt geschlussfolgert werden, dass Kleinstunternehmer*innen quasi dafür prädestiniert sind, mit Fragen des gesellschaftlichen Zusammenhalts offen und konstruktiv umzugehen.

---

[12] Vgl. u. a. BMWi, 2013; *Hanemann*, 2017; *Fachinger*, 2014; *Urwin*, 2011.

[13] Vgl. *Winkler*, 1972, S. 178–179.

[14] Ebd., S. 179.

[15] Vgl. ebd., S. 175 ff. und S. 186.

[16] Bereits im Jahr 1930 waren 20,7 Prozent der NSDAP-Mitglieder „Selbstständige" und 14,0 Prozent „Bauern". Vgl. *Winkler*, 1972, S. 175.

Dem steht gegenüber, dass sich Kleinstunternehmer*innen vonseiten des „Staates" zu stark reglementiert, zu wenig unterstützt oder im Vergleich zu anderen gesellschaftlichen Gruppen benachteiligt fühlen könnten und dies in entsprechenden, eben auch antidemokratischen oder rechtspopulistischen Einstellungen zum Ausdruck bringen, die zugleich mit einem ausgrenzenden Verständnis von gesellschaftlichem Zusammenhalt verbunden sind. Beides scheint möglich zu sein, wie sich an aktuelleren Beispielen verdeutlichen lässt.

So lassen sich einerseits Kleinstunternehmer*innen finden, die sich am Konzept der Corporate Social Responsibility ausrichten und sich über die wirtschaftlichen Zielsetzungen ihres Unternehmens hinaus für die Einhaltung von Nachhaltigkeitskriterien engagieren.[17]

Andererseits verweisen jüngste Studien auf Unternehmer*innen, die rechtsradikale Netzwerke materiell und logistisch unterstützten und innerhalb ihrer Unternehmen eine „Normalisierung" rechtsextremer und antidemokratischer Positionen fördern.[18]

Vor dem Hintergrund der aktuellen gesellschaftlichen Herausforderungen wie der Corona-Pandemie sowie der Transformation der Wirtschaft in den Bereichen Digitalisierung, Nachhaltigkeit und Energie, um nur die wichtigsten zu nennen, die Kleinstunternehmer*innen und ihre wirtschaftliche Situation direkt betreffen, wird am Beispiel der Untersuchungen von Winkler[19] deutlich, wie wichtig und spannend Fragen danach sind, wo sich Kleinstunternehmer*innen aktuell politisch verorten, wie sie sich zu Fragen des gesellschaftlichen Zusammenhaltes „positionieren" und welche Einstellungen und Handlungspraktiken hierbei bedeutsam sind.

---

[17] Vgl. Einzelbeiträge in: *Keck*, 2017.
[18] Vgl. *Kiess* et al., 2023.
[19] Vgl. *Winkler*, 1972.

D. Kleinstunternehmer*innen
im FGZ-Regionalpanel 2021 –
Soziodemografisches Profil

I. Datengrundlage

Die Auswertungen des vorliegenden Beitrages beziehen sich auf die Ergebnisse der Befragungen des FGZ-Regionalpanels 2021, die im Jahr 2021 in den Bundesländern Bayern, Niedersachsen, Nordrhein-Westfalen und Sachsen-Anhalt durchgeführt wurden.[1]

Die Auswahl der Bundesländer erfolgte hierbei mit dem Ziel, die regionale Diversität entlang der Regionen Norddeutschland (Niedersachsen), Süddeutschland (Bayern), Westdeutschland (Nordrhein-Westfalen) sowie Ostdeutschland (Sachsen-Anhalt) adäquat zu berücksichtigen.

Für jedes Bundesland wurde wiederum jeweils eine Großstadt (über 100.000 Einwohner*innen, i.W. „EW"), eine Mittelstadt (10.000 bis 100.000 EW) sowie eine Gemeinde (unter 10.000 EW) ausgewählt. In den ausgewählten Großstädten und Mittelstädten wurde anhand des jeweiligen kommunalen Melderegisters eine repräsentative EW-Stichprobe gezogen sowie in den ausgewählten Gemeinden eine Vollerhebung angestrebt. Die in die Erhebung für jedes Bundesland einbezogenen Gemeindegrößen sollten sicherstellen, dass auch siedlungsstrukturelle Unterschiede Berücksichtigung finden und adäquat abgebildet werden können.

Der Datensatz des FGZ-Regionalpanels 2021 umfasst 12 ortsbezogene Panelstichproben und ist nicht repräsentativ für das Bundesgebiet. Insgesamt wurden 12.493 Personen befragt, darunter 650 Kleinstunternehmer*innen sowie 66 mithelfende Familienangehörige. Für die vorliegenden Datenanalysen wurden mithelfende Familienangehörige der Gruppe der Kleinstunternehmer*innen nicht hinzugerechnet, da anhand des realisierten Fragenprogramms nicht nachvollziehbar ist, inwieweit sie selbst auch als Unternehmer*innen handeln bzw. unternehmerische Entscheidungen treffen, aus unserer Sicht somit eher in einem abhängigen Beschäftigungsverhältnis stehen.[2]

---

[1] Vgl. ausführlich *Sackmann/Rees/Hartl*, 2024.
[2] Von den Familienangehörigen, die in den befragten Kleinstunternehmen mithelfen, arbeiteten zum Befragungszeitpunkt 37 Prozent in Vollzeit, 58 Prozent in Teilzeit sowie 2 Prozent geringfügig bzw. unregelmäßig.

Die Befragungen fanden im Zeitraum von Februar bis Juni 2021 statt und wurden auf Grundlage eines standardisierten Fragebogens durchgeführt, der schriftlich (Papier/postalischer Versand) oder online bearbeitet werden konnte.

Der eingesetzte Fragebogen enthielt mehrere Themenblöcke und Fragen, die über alle Erhebungsorte hinweg identisch waren, sowie weitere Themenblöcke und Fragen, die von den beteiligten Kommunen bzw. Gemeinden entsprechend des jeweiligen Informationsbedarfs festgelegt werden konnten und somit über die einzelnen Erhebungsorte hinweg variierten.

Zur Einordnung der Auswertungsergebnisse zur Gruppe der Kleinstunternehmer*innen werden im vorliegenden Beitrag punktuell folgende Vergleichsgruppen herangezogen:

– Nichtselbstständige, d. h. abhängig beschäftigte Erwerbstätige

– arbeitslos bzw. arbeitsuchend gemeldete Personen

– nichterwerbstätige Personen

Hierbei ist zu berücksichtigen, dass etwa 22 Prozent der Gesamtstichprobe des FGZ-Regionalpanels 2021, d. h. 2.703 von insgesamt 12.493 Befragten, die Frage zum Erwerbsstatus (siehe Anhang, Anlage 1, Frage 42) nicht beantwortet haben, sodass für den punktuellen Vergleich insgesamt nur 9.790 Personen zur Verfügung standen.

Trotz der relativ hohen Befragungsausfälle bei der Frage nach einer ausgeübten Erwerbstätigkeit kann im Hinblick auf die im Rahmen des FGZ-Regionalpanels 2021 angestrebte Erfassung regionaler Diversität (Nord-, Süd-, West-, und Ostdeutschland sowie Ost-West bzw. alte und neue Bundesländer) und Berücksichtigung der verschiedenen siedlungsstrukturellen Raumeinheiten wie Großstadt, Mittelstadt sowie Kleinstadt/dörfliche Gemeinde im Wesentlichen eine jeweils fast identische Verteilung der einzelnen Vergleichs- bzw. Erwerbsgruppen in den ausgewählten Bundesländern konstatiert werden. Danach waren ca. 7 Prozent der Befragten Kleinstunternehmer*innen, 62 Prozent abhängig beschäftigte Erwerbstätige, 3 Prozent arbeitslos bzw. arbeitsuchend gemeldete Personen sowie 29 Prozent nichterwerbstätige Personen (siehe Tabelle 1).[3]

Geringe Abweichungen bestehen hierbei nur für Bayern (Süddeutschland), wo der Anteil nichtselbstständiger Erwerbstätiger mit 64 Prozent am höchsten ausfällt, für Nordrhein-Westfalen (Westdeutschland), wo der Anteil von Kleinstunternehmer*innen mit fast 8 Prozent und der Anteil von arbeitslosen bzw. arbeitsuchenden Personen mit fast 4 Prozent ebenfalls am höchsten ausfällt, sowie für Sachsen-Anhalt als „Repräsentant" der ostdeutschen bzw. neuen Bundesländer, wo Kleinstunternehmer*innen etwas geringer (5 Prozent) und nichterwerbstätige Personen

---

[3] Im Wesentlichen findet sich diese Verteilung auch auf Ebene der konkreten Erhebungsorte wieder.

etwas häufiger (33 Prozent) vertreten sind. Geringfügige Abweichungen zeigen sich ferner bei Mittelstädten, wo nichtselbstständige Erwerbstätige etwas geringer (58 Prozent) und nichterwerbstätige Personen etwas häufiger (32 Prozent) vertreten sind (siehe Tabelle 1).

Tabelle 1
**Erwerbsgruppen nach Erhebungsregion, Bundesland
sowie Größe des Wohnortes (in Zeilenprozent)**

		Kleinstunter-nehmer*-innen	abhängig beschäftigte Erwerbs-tätige	arbeitslos/ -suchend	nicht erwerbs-tätig
Gesamt	FGZ-Regional-panel 2021[1]	7 %	62 %	3 %	29 %
	N	650	6.026	285	2.829
Ost-West	Alte Bundes-länder	7 %	62 %	3 %	28 %
	Neue Bundes-länder	5 %	59 %	3 %	33 %
Bundesland	Bayern (Süd-deutschland)	7 %	64 %	2 %	26 %
	Niedersachsen (Norddeutsch-land)	7 %	62 %	2 %	29 %
	Nordrhein-Westfalen (West-deutschland)	8 %	60 %	4 %	28 %
	Sachsen-Anhalt (Ostdeutschland)	5 %	59 %	3 %	33 %
Größe des Wohnortes	Großstadt	7 %	63 %	3 %	28 %
	Mittelstadt	7 %	58 %	3 %	32 %
	Kleinstadt/dörf-liche Gemeinde	7 %	62 %	3 %	28 %

Datenquelle: FGZ-Regionalpanel 2021, eigene Auswertung und Darstellung.

Anmerkung:
(1) – Nur Befragte, welche die Frage zum Erwerbsstatus beantwortet haben (N = 9.790).
Gesamtstichprobe: N = 12.493.

II. Fachliche Ausrichtung und Betriebsgröße

Bei der Mehrzahl der befragten Kleinstunternehmen (58 Prozent) handelt es sich um Kleinstunternehmer*innen, die im Handwerk tätig sind oder einen Einzelhandel bzw. Ähnliches betreiben. 38 Prozent sind Freiberufler*innen bzw. selbstständige Akademiker*innen, 5 Prozent sind selbstständige Landwirt*innen.

Im Hinblick auf die Betriebsgrößen entsprechen die Anteile der im Regionalpanel 2021 befragten Kleinstunternehmen den in der amtlichen Statistik bundesweit ausgewiesenen Anteilen.[4] Mehr als die Hälfte der befragten Kleinstunternehmer*innen (52 Prozent) sind als sogenannte Solo-Selbstständige tätig und haben selbst keine weiteren Mitarbeiter*innen. Demgegenüber beschäftigt fast die Hälfte der Unternehmen (48 Prozent) weitere Mitarbeiter*innen: 37 Prozent bis zu 9 Mitarbeiter*innen und 11 Prozent mehr als 9 Mitarbeiter*innen.

Die einzelnen Betriebsgrößen sind mit variierender, aber ähnlicher Verteilung (fast bzw. über 50 Prozent) sowohl bei Kleinstunternehmen des Handwerks und Einzelhandels als auch bei Freiberufler*innen und selbstständigen Akademiker*innen sowie bei selbstständigen Landwirt*innen vorzufinden.

Aufgrund des insgesamt höheren Anteils von Kleinstunternehmen des Handwerks und Einzelhandels ist der Anteil dieser Unternehmen bei allen drei erfassten Betriebsgrößen mit 56 Prozent, 57 Prozent sowie 70 Prozent am höchsten.

III. Alter, Geschlecht und Familienstand

Die Mehrzahl der befragten Kleinstunternehmer*innen (61 Prozent) sind zum Zeitpunkt der Befragung über 50 Jahre alt. Etwa ein Drittel ist der Altersgruppe der über 30- bis 50-Jährigen zuzuordnen (35 Prozent). Nur etwa 3 Prozent der befragten Kleinstunternehmer*innen sind junge Erwachsene, d. h. bis zu 30 Jahre alt.

Insgesamt verweist dies auf eine stark ausgeprägte, alterszentrierte Altersstruktur[5], die sich signifikant von der Altersstruktur der im Rahmen des Regionalpanels befragten abhängig beschäftigten Erwerbstätigen unterscheidet.[6]

---

[4] Im Jahr 2018 beliefen sich die für die Bundesrepublik Deutschland insgesamt festgestellten Anteile von Kleinstunternehmer*innen ohne Mitarbeiter*innen, d. h. sogenannten Solo-Selbstständigen auf etwa 55 Prozent, von Kleinstunternehmen, die bis zu 9 Mitarbeiter*innen beschäftigen, auf etwa 44 Prozent. Vgl. BMAS, 2020, S. 12.

[5] *Stracke* et al. unterscheiden im Hinblick auf Alters- bzw. Belegschaftsstrukturen zwischen einer jugendzentrierten, einer gestauchten, einer alterszentrierten sowie einer balancierten bzw. ausgewogenen Altersstruktur der Belegschaft. Nach Stracke et al. „ist eine alterszentrierte Altersstruktur dadurch gekennzeichnet, dass die 35- bis 50-Jährigen und die Generation der über 50-Jährigen zahlenmäßig dominieren". *Stracke/Drews/Drews*, 2016, S. 112.

[6] Bei der Vergleichsgruppe der abhängig beschäftigten Erwerbstätigen beträgt der Anteil von Befragten im Alter über 50 Jahre 49 Prozent, 40 Prozent sind über 30 bis 50 Jahre alt und 11 Prozent sind junge Erwachsene im Alter unter 30 Jahren. Signifikanz: p < 0,001.

Auch bei Berücksichtigung der fachlichen Ausrichtung und Betriebsgröße der befragten Kleinstunternehmen findet sich diese deutliche Alterszentrierung wieder: Über zwei Drittel (68 Prozent) der selbstständigen Landwirt*innen sind über 50 Jahre alt, ebenso 62 Prozent der Freiberufler*innen bzw. selbstständigen Akademiker*innen und 60 Prozent Kleinstunternehmer*innen des Handwerks und Einzelhandels. 59 Prozent der Solo-Unternehmer*innen sowie 63 Prozent der Kleinstunternehmer*innen, die weitere Mitarbeiter*innen beschäftigen, sind über 50 Jahre alt.

Unter den befragten Kleinstunternehmer*innen bilden Männer mit einem Anteil von 62 Prozent die Mehrheit. Frauen sind mit über einem Drittel (38 Prozent) vertreten. Vier der befragten Kleinstunternehmer*innen sind divers (1 Prozent).

Bei selbstständigen Landwirt*innen fällt der Anteil von Männern mit 81 Prozent besonders hoch aus. Auch bei Kleinstunternehmen des Handwerks und Einzelhandels überwiegt der Anteil von Männern mit 66 Prozent, während bei Freiberufler*innen bzw. selbstständigen Akademiker*innen mit 46 Prozent Frauen versus 53 Prozent Männer ein relativ ausgeglichenes Geschlechterverhältnis besteht. Kleinstunternehmer*innen mit diversem Geschlecht sind mit einer bzw. zwei Personen in allen drei Unternehmensausrichtungen vertreten.

Fast drei Viertel der Kleinstunternehmen (73 Prozent), die weitere Mitarbeiter*innen beschäftigen, werden von männlichen Unternehmern geführt. Bei den Solo-Selbstständigen sind Männer und Frauen mit nahezu gleichen Anteilen vertreten (Männer 51 Prozent, Frauen 48 Prozent), was auch darauf zurückzuführen ist, dass über zwei Drittel der Kleinstunternehmerinnen als Solo-Selbstständige tätig sind.

Die Mehrzahl der befragten Kleinstunternehmer*innen ist verheiratet oder lebt in einer eingetragenen Lebensgemeinschaft (68 Prozent), 21 Prozent der Kleinstunternehmer*innen sind ledig und 11 Prozent geschieden oder verwitwet.

IV. Migrationshintergrund, Staatsbürgerschaft und Größe des Wohnorts

Die deutlich überwiegende Mehrheit der befragten Kleinstunternehmer*innen (91 Prozent) ist in Deutschland geboren. Etwa 17 Prozent der in Deutschland Geborenen haben einen Migrationshintergrund in 2. Generation, d.h., ein Elternteil oder beide Eltern sind außerhalb von Deutschland geboren. Etwa 9 Prozent der befragten Kleinstunternehmer*innen sind nicht in Deutschland geboren, d.h., sie sind mit einem Elternteil bzw. beiden Eltern nach Deutschland zugewandert und weisen einen Migrationshintergrund in 1. und 2. Generation auf.

Erwartungsgemäß sind hinsichtlich des Migrationshintergrunds zwischen den ostdeutschen und westdeutschen Erhebungsregionen deutliche Unterschiede auszumachen: Unter den ostdeutschen Unternehmer*innen beträgt der Anteil von Befragten mit Migrationshintergrund in 1. und/oder 2. Generation 15 Prozent. Demgegenüber fällt bei den westdeutschen Kleinstunternehmer*innen dieser Anteil mit 28 Prozent fast doppelt so hoch aus.

Bis auf wenige Ausnahmen (0,5 Prozent) verfügen alle in Deutschland geborenen Kleinstunternehmer*innen über die deutsche Staatsbürgerschaft. Auch der überwiegende Teil der Kleinstunternehmer*innen, die nicht in Deutschland geboren wurden (fast 70 Prozent), besitzt die deutsche Staatsbürgerschaft.

Mehr als die Hälfte der Kleinstunternehmer*innen (55 Prozent) wohnt in Großstädten, fast ein Drittel in Mittelstädten (30 Prozent). Etwa 15 Prozent der befragten Kleinstunternehmer*innen wohnen in Kleinstädten bzw. dörflichen Gemeinden.

Vor allem Freiberufler*innen und selbstständige Akademiker*innen haben ihren Wohnsitz in Großstädten (70 Prozent). Ein Viertel von ihnen wohnt in mittelgroßen Städten (25 Prozent) und nur etwa 5 Prozent in Kleinstädten bzw. dörflichen Gemeinden.

Bei Unternehmer*innen des Handwerks und Einzelhandels ist es ähnlich. Über die Hälfte wohnt und lebt in Großstädten (55 Prozent), fast ein Drittel (30 Prozent) in Mittelstädten und 15 Prozent in Kleinstädten bzw. dörflichen Gemeinden.

Bei den befragten selbstständigen Landwirt*innen überwiegen beim Wohnort dagegen erwartungsgemäß Kleinstädte bzw. dörfliche Gemeinden (56 Prozent). Fast ein Viertel von ihnen wohnt in Mittelstädten (22 Prozent) sowie – überraschenderweise – ebenfalls fast ein Viertel in Großstädten (22 Prozent). Bei den in Großstädten wohnenden Landwirt*innen handelt es sich vorwiegend um Unternehmer*innen, die keine weiteren Mitarbeiter*innen beschäftigen.

V. Bildungs- und Berufsabschlüsse

Die Mehrheit der befragten Kleinstunternehmer*innen (68 Prozent) besitzt einen weiterführenden Bildungsabschluss in Form eines Schulabschlusses mit Abitur (Fachhochschulreife, 51 Prozent) oder des Abschlusses einer Fachoberschule (Fachhochschulreife, 17 Prozent). 28 Prozent haben eine Volks- bzw. Hauptschule abgeschlossen oder die mittlere Reife (Realschulabschluss) erlangt. 4 Prozent der Kleinstunternehmer*innen besitzen einen anderen Schulabschluss und nur 2 der Kleinstunternehmer*innen (0,3 Prozent) haben die Schule ohne Abschluss beendet.

Erwartungsgemäß ist bei Freiberufler*innen/selbstständigen Akademiker*innen der Anteil von Befragten mit einem weiterführenden Bildungsabschluss mit fast 90 Prozent überdurchschnittlich hoch, aber auch jeweils über die Hälfte der im Handwerk und Einzelhandel tätigen Kleinstunternehmer*innen (56 Prozent) sowie der selbstständigen Landwirt*innen (54 Prozent) besitzt einen weiterführenden Bildungsabschluss in Form einer Hochschul- bzw. Fachhochschulreife.

Auch im Hinblick auf die erreichten beruflichen Ausbildungsabschlüsse bilden Kleinstunternehmer*innen mit einem Hochschul- bzw. Fachhochschulabschluss die Mehrheit (59 Prozent). Die befragten Kleinstunternehmer*innen unterscheiden sich hierbei deutlich von den im Rahmen des Regionalpanels befragten abhängig beschäftigten Erwerbstätigen, bei denen dieser Anteil bei 47 Prozent liegt.

Dabei verfügen fast alle Freiberufler*innen und selbstständigen Akademiker*innen über einen Hochschul- bzw. Fachhochschulabschluss (fast 90 Prozent). Bei den Kleinstunternehmer*innen des Handwerks und Einzelhandels sowie selbstständigen Landwirt*innen sind dies aber immerhin noch 40 Prozent bzw. 43 Prozent.

15 Prozent der Kleinstunternehmer*innen besitzen einen Meister*innen-Abschluss oder eine vergleichbare Zusatzqualifikation. Bei den Kleinstunternehmer*innen des Handwerks und Einzelhandels sind dies 21 Prozent, bei den selbstständigen Landwirt*innen etwa ein Drittel (33 Prozent), während nur etwa 3 Prozent der Freiberufler*innen und selbstständigen Akademiker*innen einen Meister*innen-Abschluss oder eine ähnliche Qualifikation haben.

Fast 20 Prozent der befragten Kleinstunternehmer*innen haben einen Abschluss als Facharbeiter*innen, Teilfacharbeiter*innen oder eine andere berufliche Ausbildung absolviert und sind vorrangig im Handwerk und Einzelhandel oder als selbstständige Landwirt*innen tägig. 3 Prozent der befragten Kleinstunternehmer*innen haben keinen beruflichen Abschluss.

VI. Einkommen

Für die Analyse der Einkommenssituation der Kleinstunternehmer*innen konnte das sogenannte Äquivalenzeinkommen[7] nicht herangezogen werden, da im Hinblick auf die Angaben zur Größe und Altersstruktur des Haushaltes erhebliche Antwortausfälle oder fehlerhafte Angaben zu verzeichnen waren.[8]

Einen Anhaltspunkt liefern zumindest die verwertbaren[9] Angaben zum verfügbaren monatlichen Haushaltsnettoeinkommen. Die im Fragebogen hierzu vorge-

---

[7] Modifizierte OECD-Skala zum Nettoäquivalenzeinkommen eines Haushalts. Vgl. OECD, 2008.

[8] 12 Prozent der Kleinstunternehmer*innen haben zur Anzahl der Haushaltsmitglieder und zur Altersstruktur des Haushaltes (siehe Anhang, Anlage 1, Frage 49) keine Angaben gemacht, bei 4 Prozent waren die Angaben fehlerhaft.

[9] 13 Prozent der Kleinstunternehmer*innen haben die Frage nach dem verfügbaren monatlichen Nettoeinkommen pro Haushalt (siehe Anhang, Anlage 1, Frage 51) nicht beantwortet.

gebenen 19 Einkommensgruppen (siehe Anhang, Anlage 1, Frage 51) wurden zu diesem Zweck zu sechs Einkommensgruppen zusammengefasst.[10]

Bei 4 Prozent der befragten Kleinstunternehmer*innen betrug das verfügbare, monatliche Haushaltsnettoeinkommen zum Befragungszeitpunkt bis zu 1.000 Euro pro Monat, bei 13 Prozent bis zu 2.100 Euro pro Monat, bei 24 Prozent bis zu 3.200 Euro pro Monat und bei 15 Prozent bis zu 4.200 Euro pro Monat. 20 Prozent der Kleinstunternehmer*innen erzielten ein monatliches Haushaltsnettoeinkommen von bis zu 6.000 und 24 Prozent von mehr als 6.000 Euro (siehe Anhang, Abbildung 1).

Der Vergleich der Kleinstunternehmer*innen nach fachlicher Ausrichtung zeigt signifikante Unterschiede[11]. Vor allem selbstständige Freiberufler*innen und Akademiker*innen verfügen über höhere Haushaltseinkommen von über 4.200 bis mehr als 6.000 Euro pro Monat. Innerhalb dieser Gruppe beträgt der Anteil von Unternehmer*innen mit einem derartigen Haushaltsnettoeinkommen 52 Prozent. Bei Kleinstunternehmer*innen des Handwerks und Einzelhandels sind dies 39 Prozent, bei selbstständigen Landwirt*innen dagegen nur 33 Prozent. Zugleich beträgt der Anteil von Kleinstunternehmer*innen, die nur über ein Haushaltsnettoeinkommen von bis zu 2.100 Euro pro Monat verfügen in allen drei Gruppen etwa ein Drittel der Befragten, fällt bei selbstständigen Freiberufler*innen und Akademiker*innen mit 37 Prozent aber etwas höher aus (siehe Anhang, Abbildung 2).

Ein ähnliches Bild zeigt sich mit steigender Betriebsgröße. Drei Viertel der Kleinstunternehmer*innen mit mehr als 9 Mitarbeiter*innen (76 Prozent) sowie über die Hälfte der Kleinstunternehmer*innen mit bis zu 9 Mitarbeiter*innen (52 Prozent) erzielen ein Haushaltsnettoeinkommen in Höhe von über 4.200 bis mehr als 6.000 Euro/Monat. Bei den Solo-Unternehmer*innen sind dies nur 31 Prozent, während über ein Drittel von ihnen (35 Prozent) nur über ein Haushaltsnettoeinkommen von bis zu 2.100 Euro pro Monat verfügt (siehe Anhang, Abbildung 3).

Beim Vergleich der Kleinstunternehmer*innen mit den befragten abhängig beschäftigten Erwerbstätigen fallen die signifikanten Unterschiede vor allem im Hinblick auf die höchste Einkommensgruppe sehr deutlich aus. 24 Prozent der Kleinstunternehmer*innen versus 9 Prozent der abhängig beschäftigten Erwerbs-

---

[10] Zusammenfassung der Einkommensgruppen nach verfügbarem monatlichem Haushaltsnettoeinkommen:
- Einkommensgruppe 1 (i. W. EG) mit einem Haushaltsnettoeinkommen von bis zu 1.000 Euro/ Monat
- EG 2 mit einem Haushaltsnettoeinkommen von mehr als 1.000 bis zu 2.100 Euro/Monat
- EG 3 mit einem Haushaltsnettoeinkommen von mehr als 2.100 bis zu 3.220 Euro/Monat
- EG 4 mit einem Haushaltsnettoeinkommen von mehr als 3.220 bis zu 4.200 Euro/Monat
- EG 5 mit einem Haushaltsnettoeinkommen von mehr als 4.200 bis zu 6.000 Euro/Monat
- EG 6 mit einem Haushaltsnettoeinkommen von mehr 6.000 Euro/Monat.
[11] Signifikanz: $p < 0,006$.

tätigen erzielten ein Haushaltsnettoeinkommen in Höhe von mehr als 6.000 Euro pro Monat (siehe Anhang, Abbildung 1).

VII. Soziale Absicherung

Die Möglichkeiten selbstständiger Unternehmer*innen, sich gegen bestimmte Risiken wie Krankheit, Pflegebedürftigkeit und Altersarmut oder den Wegfall von bestehenden Erwerbsmöglichkeiten abzusichern, sind in gesetzlicher Hinsicht, im Unterschied zu abhängig beschäftigten Erwerbstätigen, nicht einheitlich geregelt.[12]

So besteht bspw. im Hinblick auf die Altersabsicherung nur für einen Teil der Selbstständigen eine Versicherungspflicht in der deutschen Rentenversicherung. Bei bestimmten Berufsgruppen wie etwa Handwerkern in zulassungspflichtigen Handwerken gemäß Gesetz zur Ordnung des Handwerks (HwO) ist diese Versicherungspflicht wiederum auf 18 Jahre begrenzt, kann aber auch fortgeführt werden.[13] Selbstständige, die in den sogenannten verkammerten freien Berufen tätig sind, unterliegen einer gesetzlichen Versicherungspflicht in den jeweiligen berufsständischen Versorgungssystemen. Landwirtschaftliche Unternehmer*innen sind in der Sozialversicherung für Landwirtschaft, Forsten und Gartenbau (SVLFG) pflichtversichert.[14]

Nach Einschätzung des Bundesministeriums für Arbeit und Soziales (i. W. BMAS) betrug im Jahr 2018 der Anteil der sogenannten obligatorisch versicherten Selbstständigen an den Selbstständigen insgesamt 27,5 Prozent, wenngleich es sich bei diesem Wert laut BMAS aufgrund der hierzu vorhandenen, schwierigen Datenlage nur um einen „Näherungswert" handelt.[15]

Bei dem weit größeren Teil der selbstständigen Erwerbstätigen beruht bspw. die Altersabsicherung dagegen ausschließlich auf „eigener Initiative" und wird letztlich von der jeweiligen „persönlichen Vorsorgebereitschaft" und den jeweils zur Verfügung stehenden „finanziellen Vorsorgemöglichkeiten" bestimmt. Insbesondere für diese Gruppe der sogenannten nicht obligatorisch versicherten Selbstständigen ist die Altersabsicherung eng an die jeweilige, individuelle Einkommensentwicklung und -sicherung gebunden und kann zugleich auf freiwilliger Basis bspw. auch über das „Pflichtversicherungssystem" der Deutschen Rentenversicherung vorgenommen werden.[16]

Der Abschluss einer Versicherung für den Fall der Erwerbs- bzw. Arbeitslosigkeit ist für selbstständige Erwerbstätige grundsätzlich nicht verpflichtend, aber

---

[12] Bundesministerium für Arbeit und Soziales (i. W. BMAS), 2020, S. 46.
[13] Ebd., S. 46 ff.
[14] Ebd., S. 46.
[15] Ebd., S. 47.
[16] Ebd., S. 46–47.

auf freiwilliger Basis bspw. auch über die Agentur für Arbeit möglich. Allerdings gelten hier relativ restriktive Zugangsvoraussetzungen, die von einem Großteil der selbstständigen Erwerbstätigen vermutlich nicht erfüllt werden bzw. nicht erfüllt werden können.[17]

Im Rahmen der Befragungen des FGZ-Regionalpanels 2021 wurde danach gefragt, welche Formen der sozialen Absicherung bei Krankheit, Pflegebedürftigkeit, Erwerbs- bzw. Arbeitslosigkeit und zur Altersvorsorge genutzt werden. Hierzu waren sowohl gesetzliche als auch private Versicherungsmöglichkeiten vorgegeben. Darüber hinaus konnten weitere Vorsorgeformen wie bspw. eigener Immobilienbesitz, Ersparnisse oder Finanzanlagen benannt werden (siehe Anhang, Anlage 1, Frage 50).

Im Unterschied zu den vom BMAS ermittelten Anteilen hat der deutlich überwiegende Teil der befragten Kleinstunternehmer*innen die gesetzlichen Sicherungssysteme in Anspruch genommen. Dies betrifft zum einen die Absicherung im Alter. Hier sind 80 Prozent der befragten Kleinstunternehmer*innen über die Deutsche Rentenversicherung versichert. Aber auch im Hinblick auf die Absicherung im Krankheitsfall oder bei Pflegebedürftigkeit zahlen jeweils fast 80 Prozent der Kleinstunternehmer*innen in gesetzliche Kranken- und Pflegeversicherungen ein (siehe Anhang, Abbildung 4).

Der Anteil von Kleinstunternehmer*innen, die auf freiwilliger Basis in die gesetzliche Arbeitslosenversicherung der Agentur für Arbeit einzahlen, fällt mit fast 40 Prozent zwar deutlich niedriger aus als bei den abhängig beschäftigten Erwerbstätigen, ist aber vor dem Hintergrund der erwähnten restriktiven Zugangsvoraussetzungen, ebenfalls als hoch einzuschätzen (siehe Anhang, Abbildung 4).

In Hinblick auf die gesetzlich vorgeschriebenen bzw. möglichen Absicherungsformen liegen die Anteile bei den befragten Kleinstunternehmer*innen insgesamt gesehen damit nahe an den bei abhängig beschäftigten Erwerbstätigen zu verzeichnenden, durchweg höheren Anteilen (siehe Anhang, Abbildung 4).

Die im Bericht des BMAS enthaltene Einschätzung, dass sich insbesondere Solo-Selbstständige im Hinblick auf soziale Absicherungsmöglichkeiten häufig in einer prekären Situation befinden[18], lässt sich anhand der Befragungsergebnisse des FGZ-Regionalpanels 2021 nicht bestätigen. Vor allem bei gesetzlich vorgeschriebenen bzw. möglichen Formen der Krankheits- und Altersabsicherung sowie der Absicherung im Fall der Pflegebedürftigkeit liegen die Werte der befragten Solo-Selbstständigen zumeist über den Werten der Kleinstunternehmer*innen, die weitere Mitarbeiter*innen beschäftigen.[19] Ausschließlich private Formen der Ab-

---

[17] Vgl. Freiwillige Arbeitslosenversicherung | Bundesagentur für Arbeit (arbeitsagentur.de).

[18] Vgl. BMAS, 2020, Einleitung.

[19] Im Falle der gesetzlichen Pflegeversicherung sind die Unterschiede zwischen Solo-Selbstständigen und Kleinstunternehmer*innen mit weiteren Mitarbeiter*innen jedoch nicht signifikant (siehe Anhang, Abbildung 5).

sicherung werden von Solo-Selbstständigen dagegen deutlich weniger in Anspruch genommen als von Kleinstunternehmer*innen mit weiteren Mitarbeiter*innen (siehe Anhang, Abbildung 5).

VIII. Sozialstrukturelle Differenzierung – Erste Anhaltspunkte

Die zur Gruppe der Kleinstunternehmer*innen ermittelten soziodemografischen Besonderheiten geben erste Anhaltspunkte für eine sozialstrukturelle Differenzierung entlang des von Reckwitz vorgeschlagenen Sozialstruktur-Modells. Hierbei konnte in gewissem Umfang eine Bündelung verschiedener sozialstrukturell relevanter Merkmale festgestellt werden, die auf erste Unterschiede verweist.

Freiberufler*innen bzw. selbstständige Akademiker*innen haben häufiger höhere Bildungsabschlüsse sowie ein höheres berufliches Qualifikationsniveau. Sie verfügen häufiger über höhere Haushaltseinkommen, wohnen und leben überwiegend in Großstädten. Das Geschlechterverhältnis ist in dieser Gruppe ausgeglichen. In welchem Umfang die befragten Freiberufler*innen bzw. selbstständigen Akademiker*innen in eher wissensbasierten Wirtschafts- und Dienstleistungsbereichen tätig sind, lässt sich anhand der Daten des FGZ-Regionalpanels 2021 nicht nachvollziehen.

Bei Kleinstunternehmer*innen des Handwerks und Einzelhandels sind alle im Rahmen des FGZ-Regionalpanels erfassten Bildungs- und Berufsabschlüsse vertreten. Im Hinblick auf die berufliche Qualifikation liegen die Schwerpunkte auf einer abgeschlossen Berufsausbildung als Facharbeiter*in sowie auf einem Meister*innen- und Hochschulabschluss. Kleinstunternehmer*innen des Handwerks und Einzelhandels sind im Hinblick auf die erfassten Einkommensgruppen zu jeweils fast gleichen Anteilen vertreten, erzielen aber im Vergleich zu Freiberufler*innen bzw. selbstständigen Akademiker*innen seltener höhere Haushaltseinkommen. Sie wohnen überwiegend in Groß- und Mittelstädten. Der Anteil von Männern überwiegt leicht.

Die befragten selbstständigen Landwirt*innen weisen eine ähnlich breite Verteilung der erfassten Bildungs- und Berufsabschlüsse auf wie Kleinstunternehmer*innen des Handwerks und Einzelhandels. Sie verfügen aber häufiger nur über niedrigere Haushaltseinkommen und wohnen überwiegend in Mittel- und Kleinstädten sowie dörflichen Gemeinden. Der Anteil von Männern überwiegt deutlich.

Entsprechend der oben bereits dargestellten Annahmen des Sozialstruktur-Modells von Reckwitz wäre anhand der für die befragten Kleinstunternehmer*innen ermittelten soziodemografischen Charakteristika eine Zuordnung der Freiberufler*innen bzw. selbstständigen Akademiker*innen zur „neuen Mittelklasse" sowie die Zuordnung der Kleinstunternehmer*innen des Handwerks und Einzelhandels sowie der selbstständigen Landwirt*innen zur „alten Mittelklasse" als vorläufige Annahme plausibel.

Eine Einschränkung könnte darin bestehen, dass ein Großteil der befragten Kleinstunternehmer*innen des Handwerks und Einzelhandels nicht in Klein- und Mittelstädten, sondern ebenfalls in Großstädten lebt, was der Annahme von Reckwitz zur überwiegenden sozialräumlichen Verortung der „alten Mittelklasse"[20] in Klein- und Mittelstädten widersprechen würde.

Nach Reckwitz sind es aber die gesellschaftsbezogenen, kulturellen und politischen Orientierungen, die der sozialstrukturellen Differenzierung der Spätmoderne zugrunde liegen. Anhand der Auswertung ausgewählter gesellschaftsbezogener und politischer Einstellungen der befragten Kleinstunternehmer*innen müsste sich im Weiteren zeigen, inwieweit die Zuordnung der Freiberufler*innen bzw. selbstständigen Akademiker*innen zur „neuen Mittelklasse" sowie der Kleinstunternehmer*innen des Handwerks und Einzelhandels sowie selbstständigen Landwirt*innen zur „alten Mittelklasse" aufrechterhalten werden kann und sich hierbei eine klare Differenzierung beider Klassen, ggf. eine „Polarisierung" im Sinne von Reckwitz[21] feststellen lässt.

---

[20] Reckwitz, 2019, S. 97.
[21] Vgl. ebd., S. 72.

E. Erhebung gesellschaftsbezogener Wertorientierungen und Einstellungen im FGZ-Regionalpanel 2021

I. Erhebungsinstrumente

Da das FGZ-Regionalpanel 2021 als Mehrthemenbefragung durchgeführt wurde[1], steht nur eine begrenzte Anzahl von Indikatoren zu Alltagspraxen, Einstellungen und Wertorientierungen zur Verfügung, die eine weitere Prüfung der „Passfähigkeit" des Modells von Reckwitz für die Gruppe der Kleinstunternehmer*innen erlauben.

Instrumente zur Erfassung von kulturellen Werten und der kulturellen Ausrichtung der Lebensführung sind in die Befragung – mit Ausnahme von Indikatoren zur Erfassung von sozialen Kontakten auf lokaler Ebene – nicht aufgenommen worden.

Dafür steht eine Reihe von Instrumenten zur Verfügung, die in einem engen, inhaltlichen Zusammenhang zu den von Reckwitz skizzierten politischen Einstellungsprofilen der neuen und alten Mittelklasse stehen und insbesondere auch Rückschlüsse auf die Abgrenzung gegenüber, Nähe zu oder Identifikation mit rechtspopulistischen Einstellungen ermöglichen. Diese Instrumente wurden aus den sogenannten Mitte-Studien sowie der FGZ-Pilotstudie 2020 übernommen.[2]

Im Einzelnen handelt es sich um Indikatoren zur Erfassung

– von universalistischen versus traditionsbezogenen bzw. nationalistischen Einstellungen,

– von gruppenbezogener Menschenfeindlichkeit sowie

– der Nähe zu bzw. Identifikation mit Verschwörungsideologien.

Die hierzu verwendeten Item-Batterien sind nachfolgend im Detail dargestellt (siehe Tabelle 2).

Zur Erfassung von Perspektiven, Einstellungen und Handlungspraktiken mit Bezug zum Thema gesellschaftlicher Zusammenhalt wurden im Rahmen der Befragungen des FGZ-Regionalpanels 2021 Instrumente eingesetzt, die zum Teil im Rahmen der FGZ-Pilotstudie 2020 erprobt und geprüft wurden. Sie beziehen sich zum einen auf die Erfassung des sozialen Zusammenhalts auf lokaler Ebene, zum anderen

---

[1] Siehe Abschnitt D. I., Datengrundlage. Vgl. auch *Sackmann/Rees/Hartl*, 2024.

[2] Vgl. *Zickler* et al., 2014, 2016 und 2021; Task Force FGZ-Datenzentrum, 2022; *Sackmann/Rees/Hartl*, 2024.

Tabelle 2

**Darstellung von ausgewählten Items des FGZ-Regionalpanels 2021
mit Konstrukt-Zuordnung nach bisherigem Forschungsstand**

Item	Itemformulierung	Operationalisierung Konstrukt
	Wie sehr stimmen Sie den folgenden Aussagen zu?	
33a)	Die Tradition Deutschlands zu pflegen ist mir wichtig.	Universalismus-Traditionalismus (Vgl. Task Force FGZ-Datenzentrum, 2022)
33b)	Ich versuche, mich an die Sitten und Gebräuche zu halten, die mir überliefert wurden.	
33c)	Deutschland hat seine eigene Kultur und Werte, die es unbedingt schützen muss.	
33d)	Ich schätze die Vielfalt von Lebensstilen, Kulturen und Religionen in Deutschland.	
33e)	Die Gesellschaft fällt eigentlich immer mehr auseinander.	Gefährdungswahrnehmungen des gesellschaftlichen Zusammenhalts (Vgl. Mitte Studien 2016, 2021; Task Force FGZ-Datenzentrum, 2022)
33f)	Der gesellschaftliche Zusammenhalt in Deutschland ist gefährdet.	
33g)	Zu viele kulturelle Unterschiede schaden dem Zusammenhalt der Deutschen.	
33h)	Die sozialen Ungleichheiten in Deutschland sind so groß, dass sie den Zusammenhalt gefährden.	
35a)	Es leben zu viele Ausländer in Deutschland.	Fremdenfeindlichkeit/ Gruppenbezogene Menschenfeindlichkeit (Vgl. Mitte Studien 2016, 2021; Task Force FGZ-Datenzentrum, 2022)
35b)	Wenn Arbeitsplätze knapp werden, sollte man die Ausländer wieder in ihre Heimat zurückschicken.	
35c)	Die Bundesrepublik ist durch die vielen Ausländer in einem gefährlichen Maße überfremdet.	
35d)	Es gibt geheime Organisationen, die großen Einfluss auf politische Entscheidungen haben.	Identifikation mit Verschwörungsmythen/-ideologien (Vgl. Mitte Studien 2021)
35e)	Politiker und andere Führungspersönlichkeiten sind nur Marionetten der dahinterstehenden Mächte.	
35f)	Die Medien und die Politik stecken unter einer Decke.	
35g)	Ich vertraue Experten mehr als meinen Gefühlen.	
	jeweilige Antwortskalierung: 1 – Stimme voll und ganz zu; 2 – eher zu; 3 – teils-teils; 4 – eher nicht zu; 5 – überhaupt nicht zu; 6 – weiß nicht	

Item	Itemformulierung	Operationalisierung Konstrukt
2	Wie stark fühlen Sie sich mit Deutschland gefühlsmäßig verbunden?	Sozialer Zusammenhalt in lokalen Gesellschaften/ Subdimension: Identifikation (Vgl. Sackmann/Mayer, 2024)
3	Wie stark fühlen Sie sich mit Ihrem Bundesland gefühlsmäßig verbunden?	
4	Wie stark fühlen Sie sich mit Ihrem Wohnort gefühlsmäßig verbunden?	
	jeweilige Antwortskalierung: 1 – sehr stark; 2 – Stark; 3 – teils-teils; 4 – schwach; 5 – sehr schwach; 6 – weiß nicht	
8	Wie vielen Nachbarn könnten Sie Ihren Wohnungsschlüssel anvertrauen? Antwortskalierung: 1 – niemandem; 2 – einem; 3 – einigen; 4 – allen; 5 – weiß nicht	Sozialer Zusammenhalt in lokalen Gesellschaften/ Subdimension: Vertrauen (Vgl. Sackmann/Mayer, 2024)
10c	Man kann Menschen in dieser Nachbarschaft vertrauen. *Antwortskalierung:* 1 – sehr stark; 2 – stark; 3 – teils-teils; 4 – schwach; 5 – sehr schwach; 6 – weiß nicht	
	Stellen Sie sich bitte folgende Ereignisse vor, die so oder so ähnlich in Ihrem Wohngebiet passieren könnten. Für wie wahrscheinlich halten Sie es, dass jemand aus Ihrer Nachbarschaft auf irgendeine Art und Weise dagegen einschreitet?	Sozialer Zusammenhalt in lokalen Gesellschaften/ Subdimension: Kollektive Wirksamkeit (Vgl. Sackmann/Mayer, 2024)
16	Die nächstgelegene Grundschule ist aus Haushaltsgründen von Schließung bedroht.	
17	Personen beschädigen mutwillig Postkästen, Mülleimer, Pflanzen oder Ähnliches.	
	jeweilige Antwortskalierung: 1 – sehr wahrscheinlich; 2 – eher wahrscheinlich; 3 – teils-teils; 4 – eher unwahrscheinlich; 5 – sehr unwahrscheinlich; 6 – weiß nicht	

Datenquelle: FGZ-Regionalpanel 2021, eigene Darstellung.

auf die Erfassung von gesellschaftsbezogenen, eher diskursiven Einschätzungen wie etwa Gefährdungswahrnehmungen des gesellschaftlichen Zusammenhalts.[3]

Im Hinblick auf den sozialen Zusammenhalt auf lokaler Ebene konnten anhand der im FGZ-Regionalpanel 2021 verwendeten Items bereits drei zentrale Dimensionen mit Zuordnung der jeweils relevanten Items identifiziert werden – Identifikation, Vertrauen und kollektive Wirksamkeit[4] – die im Rahmen der hier durchgeführten Analysen zugrunde gelegt werden (siehe Tabelle 2).

II. Prüfung der Erhebungsinstrumente

Mittels Hauptkomponentenanalyse wurde auf Grundlage der Gesamtstichprobe des FGZ-Regionalpanels 2021 nochmals geprüft, inwieweit die oben genannten latenten Konstrukte durch die im Rahmen des FGZ-Regionalpanels 2021 eingesetzten Items abgebildet werden. Hiervon ausgenommen waren die Items zu den drei Dimensionen des sozialen Zusammenhalts auf lokaler Ebene, die bereits einer konfirmatorischen Faktoranalyse unterzogen und geprüft wurden.[5]

Vor Durchführung der Hauptkomponentenanalyse wurden die Fehlwerte von Item 33a bis 33h sowie 35a bis 35g durch mittelwertbasierte Imputationen ersetzt. Die Antwortkategorie „weiß nicht" (Skalenwert 6) wurde bei diesen Items nicht als fehlender Wert definiert, sondern der Antwortkategorie „teils/teils" (Skalenwert 3) zugeordnet und entsprechend umcodiert. Dieses Vorgehen erfolgte in Anlehnung an die Auffassung von Hippier und Trometer, nach der sich die Antwortkategorien „teils/teils" sowie „weiß nicht" letztlich nicht unterscheiden, da sie es Befragten, die sich nicht entscheiden wollen („Itemambivalente") oder sich aufgrund unzureichender Kenntnisse nicht entscheiden können („Meinungslose") ermöglichen, auf den in formaler Hinsicht identischen „Antwortstil" zurückzugreifen, sich einem vorgegebenen Item nicht eindeutig zuordnen zu müssen.[6]

---

[3] Vgl. *Sackmann/Rees/Hartl*, 2024; Task Force FGZ-Datenzentrum, 2024.

[4] „Wir definieren auf der Grundlage der bisherigen Überlegungen den sozialen Zusammenhalt lokaler Gesellschaften als eine auf dieses Kollektiv bezogene Identifikation des Sichverbundenfühlens sowie der durch generalisiertes Vertrauen ermöglichten gemeinschaftsbezogenen Handlungen, die retrospektiv und prospektiv als kollektive Wirksamkeit der Beeinflussbarkeit lokaler Gesellschaft wahrgenommen werden." Siehe *Sackmann/Mayer*, 2024, S. 42.

[5] Vgl. *Sackmann/Mayer*, 2024.

[6] „Es ist anzunehmen, dass eine Trennung in Itemambivalenz und Meinungslosigkeit wahrscheinlich lediglich zu einer ‚künstlichen' Trennung eines bestimmten Antwortstils führt. Itemambivalenz und Meinungslosigkeit unterscheiden sich damit nurmehr dadurch, entweder innerhalb einer Skala auszudrücken, keine Meinung zu einem spezifischen Fragengegenstand zu haben oder eine Restkategorie außerhalb der Skala zu wählen." Siehe *Hippier/Trometer*, 1985, S. 466.

III. Hauptkomponentenanalyse –
Ermittlung und Prüfung der latenten Konstrukte

Eine erste Hauptkomponentenanalyse mit den insgesamt berücksichtigten Items (siehe Tabelle 2) ergab, dass Item 35g („Ich vertraue Experten mehr als meinen Gefühlen.") im Hinblick auf alle ermittelten Faktoren sehr geringe Faktorladungen aufweist, die durchweg und zum Teil deutlich unter dem kritischen Wert von +/− 0,60 liegen.[7]

Auch die zusätzlich durchgeführte Prüfung der internen Konsistenz der Item-Batterie des Konstrukts „Identifikation mit Verschwörungsideologien"[8] zeigt ein niedriges Cronbachs Alpha von 0,554, welches durch Herausnahme von Item 35g deutlich, d. h. auf ein Cronbachs Alpha von 0,847 erhöht werden kann.

Beide Ergebnisse sprechen dafür, Item 35g, welches nach bisherigem Forschungsstand dem Konstrukt „Identifikation mit Verschwörungsideologien" zugeordnet ist, aus den weiteren Analysen auszuschließen.

In die sich anschließende, zweite Hauptkomponentenanalyse wurden somit Item 33a bis 33h sowie Item 35a bis 35f einbezogen, während Item 35g nicht mehr berücksichtigt wird.

Anhand der hierzu vorab durchgeführten Korrelationsanalyse zeigen sich vor allem zwischen folgenden Items starke Interkorrelationen (siehe Tabelle 3):

– 33a, 33b und 33c

– 35a, 35b, 35c, 33d und 33g

– 35d, 35e und 35f

– 33e, 33f und 33h

Auffällig ist dabei, dass bei Item 33d („Ich schätze die Vielfalt von Lebensstilen, Kulturen und Religionen in Deutschland.") die Korrelationen zu den anderen Items mit Bezug zum gleichen Konstrukt „Universalismus/Traditionalismus/Nationalismus" (Item 33a bis 33c) sehr niedrig ausfallen, wohingegen im Hinblick auf die Items mit Bezug zum Konstrukt „Fremdenfeindlichkeit" (Item 35a bis 35c) relativ hohe Korrelationswerte zu verzeichnen sind (siehe Tabelle 3).

Bei Item 33g („Zu viele kulturelle Unterschiede schaden dem Zusammenhalt der Deutschen."), welches nach bisherigem Forschungsstand dem Konstrukt „Ge-

---

[7] Faktorladungen Item 35g („Ich vertraue Experten mehr als meinen Gefühlen."): Faktor 1: − 0,049, Faktor 2: − 0,039, Faktor 3: − 0,470, Faktor 4: 0,033 (Hauptkomponentenanalyse/Rotierte Komponentenmatrix).

[8] Items 35e, 35f, 35g und 35h.

Tabelle 3

Interkorrelationen der einbezogenen Items

Item	33a)	33b)	33c)	33d)	33e)	33f)	33g)	33h)	35a)	35b)	35c)	35d)	35e)	35f)
33a)	1													
33b)	0,665	1												
33c)	0,701	0,622	1											
33d)	−0,109	−0,068	−0,141	1										
33e)	0,13	0,133	0,197	−0,206	1									
33f)	0,103	0,113	0,175	−0,17	0,746	1								
33g)	0,402	0,333	0,467	−0,466	0,377	0,362	1							
33h)	−0,032	−0,004	0,037	−0,108	0,441	0,499	0,261	1						
35a)	0,438	0,361	0,505	−0,46	0,308	0,273	0,685	0,168	1					
35b)	0,373	0,314	0,41	−0,4	0,256	0,236	0,599	0,168	0,713	1				
35c)	0,432	0,355	0,487	−0,464	0,341	0,321	0,701	0,215	0,818	0,76	1			
35d)	0,27	0,251	0,305	−0,176	0,225	0,2	0,358	0,158	0,423	0,402	0,462	1		
35e)	0,221	0,203	0,26	−0,222	0,29	0,266	0,367	0,246	0,434	0,433	0,486	0,686	1	
35f)	0,248	0,215	0,296	−0,243	0,277	0,262	0,396	0,203	0,469	0,451	0,503	0,558	0,701	1

Datenquelle: FGZ-Regionalpanel 2021, eigene Auswertung.

fährdungswahrnehmungen des gesellschaftlichen Zusammenhalts" zuzuordnen ist, liegen ähnlich wie bei Item 33d die Korrelationswerte zu den Items des gleichen Konstruktes (Items 33e, 33f und 33h) ebenfalls deutlich unter den Korrelationswerten der Items mit Bezug zum Konstrukt „Fremdenfeindlichkeit" (Items 35a bis 35c; Abbildung 6), während für die Items 33e, 33f und 33h stärkere Interkorrelationen festzustellen sind (siehe Tabelle 3).

Die Hauptkomponentenanalyse mit den verbleibenden Items lieferte folgende Ergebnisse:

Der KMO-Wert[9] liegt bei 0,878 und kann damit als „verdienstvoll" eingestuft werden. Der Bartlett-Test ist hochsignifikant (p < 0,001), so dass das Faktorenmodell angenommen werden kann (siehe Tabelle 4).

Tabelle 4
KMO- und Bartlett-Test

Maß der Stichprobeneignung nach Kaiser-Meyer-Olkin.		0,878
Bartlett-Test auf Sphärizität	Ungefähres Chi-Quadrat	99830,917
	df	91
	Signifikanz nach Bartlett	< 0,001

Datenquelle: FGZ-Regionalpanel 2021, eigene Auswertung.

Die Kommunalitäten der einbezogenen Items liegen bei 0,573 (Item 33h) bis 0,835 (Item 35e), fallen aber bei der Mehrzahl der Items mit Werten über 0,7 bzw. über 0,8 hoch aus, was wiederum für die Beibehaltung des Faktorenmodells spricht (siehe Anhang, Tabelle 5).

Bei den ersten vier Faktoren liegt der Eigenwert jeweils über dem Wert von 1,0[10], sodass diese Faktoren extrahiert werden können. Die kumulierte Varianzaufklärung der vier Faktoren fällt mit 74,448 Prozent insgesamt hoch aus, wenngleich nur etwa 8,9 Prozent der Varianzaufklärung auf Faktor 4 entfallen (siehe Anhang, Tabelle 6).

Die anhand der rotierten Komponentenmatrix ausgewiesenen Faktorladungen der einbezogenen Items liegen mit Werten von +/− 0,709 bis +/− 0,883 deutlich über dem kritischen Wert von +/− 0,60, sodass eine Interpretation der Faktoren möglich ist (siehe Tabelle 7). Es bestehen keine relevanten Querladungen.[11]

---

[9] Kayser-Meyer-Olkin-Wert.
[10] Kaiser-Guttman-Kriterium.
[11] Wie die Ergebnisse der Hauptkomponentenanalyse zeigen, gibt es kein Item, bei dem die Faktorladung zu zwei oder mehreren Faktoren über dem Wert von +/− 0,40 liegt (siehe Tabelle 7).

Tabelle 7

Hauptkomponentenanalyse – Faktorladungen (N = 12.493) (1)

Item	Itemformulierung [2]	Komponente			
		1	**2**	**3**	**4**
33d)	Ich schätze die Vielfalt von Lebensstilen, Kulturen und Religionen in Deutschland.	**– 0,791**	0,112	– 0,018	– 0,063
35a)	Es leben zu viele Ausländer in Deutschland.	**0,759**	0,341	0,293	0,127
35c)	Die Bundesrepublik ist durch die vielen Ausländer in einem gefährlichen Maße überfremdet.	**0,756**	0,318	0,346	0,176
35b)	Wenn Arbeitsplätze knapp werden, sollte man die Ausländer wieder in ihre Heimat zurückschicken.	**0,72**	0,262	0,322	0,086
33g)	Zu viele kulturelle Unterschiede schaden dem Zusammenhalt der Deutschen.	**0,709**	0,317	0,174	0,282
33a)	Die Tradition Deutschlands zu pflegen ist mir wichtig.	0,184	**0,864**	0,115	– 0,012
33b)	Ich versuche, mich an die Sitten und Gebräuche zu halten, die mir überliefert wurden.	0,081	**0,851**	0,109	0,028
33c)	Deutschland hat seine eigene Kultur und Werte, die es unbedingt schützen muss.	0,245	**0,824**	0,145	0,072
35e)	Politiker und andere Führungspersönlichkeiten sind nur Marionetten der dahinterstehenden Mächte.	0,195	0,083	**0,872**	0,172
35d)	Es gibt geheime Organisationen, die großen Einfluss auf politische Entscheidungen haben.	0,161	0,177	**0,819**	0,082
35f)	Die Medien und die Politik stecken unter einer Decke.	0,259	0,116	**0,787**	0,149
33f)	Der gesellschaftliche Zusammenhalt in Deutschland ist gefährdet.	0,137	0,092	0,093	**0,883**
33e)	Die Gesellschaft fällt eigentlich immer mehr auseinander.	0,172	0,112	0,111	**0,846**
33h)	Die sozialen Ungleichheiten in Deutschland sind so groß, dass sie den Zusammenhalt gefährden.	0,078	– 0,095	0,145	**0,733**

Datenquelle: FGZ-Regionalpanel 2021, eigene Auswertung.

Anmerkungen:
(1) Rotierte Komponentenmatrix, Rotationsmethode: VARIMAX mit Kaiser-Normalisierung
(2) Jeweiliges Antwortmodell:
Stimme … 1 – voll und ganz zu, 2 – eher zu, 3 – teils-teils, 4 – eher nicht zu, 5 – überhaupt nicht zu, 6 – weiß nicht

Anhand der für die einzelnen Items ermittelten Faktorladungen können die latenten Komponenten aus unserer Sicht wie folgt interpretiert werden.

Faktor 1 lässt sich als latentes Konstrukt „Fremdenfeindlichkeit" interpretieren, bei dem erwartungsgemäß Item 35a bis 35c sowie zusätzlich Item 33d und 33g die höchsten Faktorladungen aufweisen, die zwischen − 0,791 und + 0,759 liegen (siehe Tabellen 7 und 8).

Faktor 2 kann als latentes Konstrukt „Universalismus/Traditionalismus" interpretiert werden. Hier liegen die Faktorladungen von Items 33a bis 33c bei +0,824 bis +0,864, während Item 33d aufgrund der hohen Faktorladung zu Faktor 1 ausscheidet und Faktor 1 „Fremdenfeindlichkeit" zugeordnet werden kann (siehe Tabellen 7 und 8).

Faktor 3 lässt sich als latentes Konstrukt „Identifikation mit Verschwörungsideologien" bestätigen, bei dem die Faktorladungen von Item 35e bis 35f mit Werten von +0,787 bis +0,872 ebenfalls hoch ausfallen (siehe Tabellen 7 und 8), wobei Item 35g aufgrund der Vorbefunde bereits aus der Hauptkomponentenanalyse ausgeschlossen wurde.

Im Hinblick auf Faktor 4 kann das latente Konstrukt „Gefährdungswahrnehmungen des gesellschaftlichen Zusammenhalts" angenommen werden, welches sich nunmehr auf die drei Items 33e, 33f und 33h mit Faktorladungen von +0,733 bis +0,883 bezieht, da Item 33g („Zu viele kulturelle Unterschiede schaden dem Zusammenhalt der Deutschen") aufgrund der hohen Faktorladung zu Faktor 1 hier ebenfalls ausscheidet und Faktor 1 „Fremdenfeindlichkeit" zuzuordnen ist (siehe Tabellen 7 und 8).

Wie sich schon im Rahmen der vorab durchgeführten Interkorrelation der Items angedeutet hatte (siehe oben), lassen sich anhand der Ergebnisse der Hauptkomponentenanalyse die bisherigen Konstrukt-Zuordnungen von Item 33d („Ich schätze die Vielfalt von Lebensstilen, Kulturen und Religionen in Deutschland", bisherige Zuordnung zum Konstrukt „Gefährdungswahrnehmungen des gesellschaftlichen Zusammenhalts") sowie von Item 33g („Zu viele kulturelle Unterschiede schaden dem Zusammenhalt der Deutschen", bisherige Zuordnung zum Konstrukt „Universalismus/Traditionalismus") nicht bestätigen. Beide Items sind entsprechend den Ergebnissen der hier durchgeführten Hauptkomponentenanalyse dem Konstrukt „Fremdenfeindlichkeit" zuzuordnen. Für alle anderen, im Rahmen der Hauptkomponentenanalyse berücksichtigten Items konnten die bisherigen Konstrukt-Zuordnungen bestätigt und somit beibehalten werden (siehe Tabelle 8).

Das im Rahmen der Hauptkomponentenanalyse ermittelte Konstrukt-Modell wurde mittels Kreuzvalidierung nochmals geprüft und konnte bestätigt werden.[12]

---

[12] Kreuzvalidierung: Gesamtstichprobe, 50-prozentige Zufallsstichprobe der Gesamtstichprobe, 30-prozentige Zufallsstichprobe der Gesamtstichprobe.

Tabelle 8

Hauptkomponentenanalyse – Zuordnung der Items zu den latenten Konstrukten sowie inhaltliche Interpretation der Konstrukte

Item	Itemformulierung [1]	Faktor 1 Fremden-feindlichkeit	Faktor 2 Universalismus-Traditionalismus	Faktor 3 Identifikation mit Verschwörungs-ideologien	Faktor 4 Gefährdungswahrneh-mungen des gesellschaft-lichen Zusammenhalts
35a)	Es leben zu viele Ausländer in Deutschland.	✓			
35b)	Wenn Arbeitsplätze knapp werden, sollte man die Ausländer wieder in ihre Heimat zurückschicken.	✓			
35c)	Die Bundesrepublik ist durch die vielen Ausländer in einem gefährlichen Maße überfremdet.	✓			
33d)	Ich schätze die Vielfalt von Lebensstilen, Kulturen und Religionen in Deutschland.	✓	✗		
33g)	Zu viele kulturelle Unterschiede schaden dem Zusammenhalt der Deutschen.	✓			✗
33a)	Die Tradition Deutschlands zu pflegen ist mir wichtig.		✓		
33b)	Ich versuche, mich an die Sitten und Gebräuche zu halten, die mir überliefert wurden.		✓		

Item	Aussage			
33c)	Deutschland hat seine eigene Kultur und Werte, die es unbedingt schützen muss.			✓
35d)	Es gibt geheime Organisationen, die großen Einfluss auf politische Entscheidungen haben.		✓	
35e)	Politiker und andere Führungspersönlichkeiten sind nur Marionetten der dahinterstehenden Mächte.		✓	
35f)	Die Medien und die Politik stecken unter einer Decke.		✓	
33e)	Die Gesellschaft fällt eigentlich immer mehr auseinander.	✓		
33f)	Der gesellschaftliche Zusammenhalt in Deutschland ist gefährdet.	✓		
33h)	Die sozialen Ungleichheiten in Deutschland sind so groß, dass sie den Zusammenhalt gefährden.	✓		

Datenquelle: FGZ-Regionalpanel 2021, eigene Auswertung und Darstellung.

Anmerkung:

(1) – Jeweiliges Antwortmodell:

Stimme ... 1 – voll und ganz zu, 2 – eher zu, 3 – teils-teils, 4 – eher nicht zu, 5 – überhaupt nicht zu, 6 – weiß nicht

IV. Reliabilitätsprüfung

Die Reliabilitätsprüfung der Konstrukt-Skala „Fremdenfeindlichkeit" (Item 35a bis 35c sowie 33d und 33g) weist mit einem Cronbachs Alpha von 0,685 eine akzeptable interne Konsistenz auf. Gleiches gilt für die Skala „Gefährdungswahrnehmungen des gesellschaftlichen Zusammenhalts" (Item 33e, 33f und 33h) mit einem Cronbachs Alpha von 0,791 (siehe Tabelle 9).

Für die Konstrukt-Skalen „Universalismus/Traditionalismus" (Items 33a bis 33c) sowie „Identifikation mit Verschwörungsideologien" (Item 35d bis 35f) fällt die jeweilige interne Konsistenz hoch aus. Das Cronbachs Alpha liegt hier bei 0,855 sowie 0,847 (siehe Tabelle 9).

Bei den Skalen zu den Konstrukten „Universalismus/Traditionalismus" sowie „Gefährdungswahrnehmungen des gesellschaftlichen Zusammenhalts" hat sich die Herausnahme von Item 33d sowie von 33g zugleich positiv auf die interne Konsistenz ausgewirkt.[13]

Tabelle 9

**Reliabilitätsprüfung der Konstrukte „Fremdenfeindlichkeit",
„Universalismus/Traditionalismus", „Identifikation mit Verschwörungsideologien"
sowie „Gefährdungswahrnehmungen des gesellschaftlichen Zusammenhalts"
(N = 12.493)**

Faktor	Einstellungskontrukt/Skala (Items)	Cronbachs Alpha	Anzahl Items
1	Fremdenfeindlichkeit (Item: 35a, 35b, 35c, 33d, 33g)	0,685	5
2	Universalismus-Traditionalismus (Item: 33a, 33b, 33c)	0,855	3
3	Identifikation mit Verschwörungsideologien (Item: 35d, 35e, 35f)	0,847	3
4	Gefährdungswahrnehmungen des gesellschaftlichen Zusammenhalts (Item: 33e, 33f, 33h)	0,79	3

Datenquelle: FGZ-Regionalpanel 2021, eigene Auswertung und Darstellung.

---

[13] Unter Einschluss von Item 33d lag die interne Konsistenz der Skala „Universalismus/Traditionalismus" bei einem Cronbachs Alpha von 0,619. Bei der Skala „Gefährdungswahrnehmungen des gesellschaftlichen Zusammenhalts" belief sich die interne Konsistenz bei Einschluss von Item 33g auf ein Cronbachs Alpha von 0,751.

V. Bildung von Indizes

Zu allen ermittelten latenten Konstrukten bzw. Subdimensionen wurden für die Gesamtstichprobe (N = 12.493) auf Grundlage der jeweils relevanten Items mittelwertbasierte Indizes gebildet, denen die jeweiligen Skalenwerte zugrunde liegen. Für die Bildung des Index „Fremdenfeindlichkeit/Gruppenbezogene Menschenfeindlichkeit" wurde das Skalenmodell von Item 33d („Ich schätze die Vielfalt von Lebensstilen, Kulturen und Religionen in Deutschland") invertiert. Im Anschluss wurden die Indizes für die nachfolgenden, vergleichenden Analysen z-standardisiert.

Aus den Indizes zu den drei Subdimensionen des sozialen Zusammenhalts in lokalen Gesellschaften – „Identifikation", „Vertrauen" und „Kollektive Wirksamkeit" – wurde darüber hinaus ein Gesamtindex „Sozialer Zusammenhalt in lokalen Gesellschaften" gebildet, der ebenfalls z-standardisiert wurde.

In einem letzten Schritt wurden die individuellen Indizes zu aggregierten Gruppenindizes zusammengefasst, um zu prüfen, inwieweit sich Kleinstunternehmer*innen von anderen gesellschaftlichen Gruppen unterscheiden und welche regionalen und soziodemografisch bedingten Unterschiede sich innerhalb der Gruppe der Kleinstunternehmer*innen aufzeigen lassen.

Die z-standardisierten Indizes sind im vorliegenden Falle so zu interpretieren, dass negative Werte eine geringe bis hohe Ausprägung bzw. eine geringe bis hohe Zustimmung repräsentieren, positive Werte dagegen tendenziell keine bis überhaupt keine Ausprägung bzw. eine geringe bis sehr starke Ablehnung (siehe Abbildung 6).

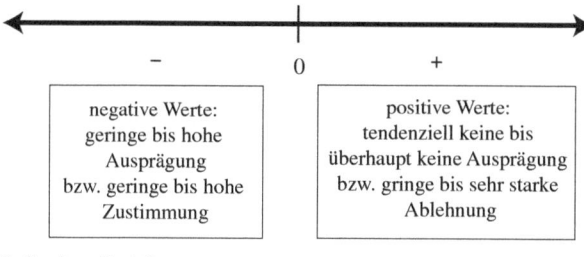

Quelle: eigene Darstellung.

Abbildung 6: Übersicht Interpretation der z-standardisierten Indizes

F. Gesellschaftsbezogene Werte und Einstellungen bei Kleinstunternehmer*innen

Nachdem anhand der ermittelten soziodemografischen Profile der befragten Kleinstunternehmer*innen das Klassen-Modell von Reckwitz als vorerst plausibel angenommen werden kann, soll nun geprüft werden, ob sich das Modell auch im Hinblick auf die hier berücksichtigten gesellschaftsbezogenen Einstellungen, die von Reckwitz als zentrale sozialstrukturelle Differenzierungsmerkmale angesehen werden, empirisch bestätigen lässt.

I. Universalismus/Traditionalismus, Fremdenfeindlichkeit und Identifikation mit Verschwörungsideologien

Mit Blick auf die berechneten Indizes zu den Einstellungskonstrukten „Universalismus/Traditionalismus", „Fremdenfeindlichkeit" sowie „Identifikation mit Verschwörungsideologien" müssten sich nach Reckwitz deutliche Unterschiede, ggf. deutliche Polarisierungen zwischen der Gruppe der Freiberufler*innen bzw. selbstständigen Akademiker*innen einerseits und der Gruppe der Kleinstunternehmer*innen des Handwerks und Einzelhandels sowie der selbstständigen Landwirt*innen andererseits aufzeigen lassen.

Der Vergleich der aggregierten Indizes zur Ausprägung von „Universalismus/Traditionalismus", „Fremdenfeindlichkeit" sowie „Identifikation mit Verschwörungsideologien" verweist auf deutliche und zugleich hochsignifikante Unterschiede zwischen beiden Gruppen, die sich über alle drei Einstellungskonstrukte erstrecken und somit durchaus als Werte-Polarisierung im Sinne von Reckwitz interpretiert werden können (siehe Tabelle 10).

Freiberufler*innen und selbstständige Akademiker*innen sind deutlich universalistisch ausgerichtet (aggregierter Indexwert = 0,24) und weisen im Hinblick auf Fremdenfeindlichkeit sowie Verschwörungsideologien stark ausgeprägte Ablehnungswerte auf (aggregierte Indexwerte = 0,28 sowie = 0,42; siehe Tabelle 10).

Die für Kleinstunternehmer*innen des Handwerks und Einzelhandels sowie der Landwirtschaft festgestellten Indexwerte von − 0,09, − 0,07 und − 0,04 liegen dagegen jeweils geringfügig im negativen Bereich, was darauf schließen lässt, dass innerhalb dieser Gruppe traditionelle Einstellungen, Fremdenfeindlichkeit und die Identifikation mit Verschwörungsideologien zumindest tendenziell überwiegen (siehe Tabelle 10).

Bei weiterer Differenzierung der Gruppe der Kleinstunternehmer*innen des Handwerks und Einzelhandels sowie der Landwirtschaft zeigt sich ferner, dass die aggregierten Indexwerte der befragten selbstständigen Landwirt*innen im Vergleich zur Gruppe der Freiberufler*innen bzw. selbstständigen Akademiker*innen nahezu diametral ausfallen. Für diese Gruppe sind ein ausgeprägtes, traditionalistisches Einstellungsprofil (aggregierter Indexwert = – 0,39), eine stärker ausgeprägte Fremdenfeindlichkeit (aggregierter Indexwert = – 0,28) sowie eine deutliche Identifikation mit Verschwörungsideologien (aggregierter Indexwert = – 0,35) erkennbar (siehe Tabelle 10).

Tabelle 10
**Vergleich der aggregierten, z-standardisierten Indizes
„Universalismus/Traditionalismus", „Fremdenfeindlichkeit" und
„Identifikation mit Verschwörungsideologien" bei Kleinstunternehmer*innen
nach fachlicher Ausrichtung sowie vorläufiger Klassen-Zuordnung**

Kleinstunternehmer*innen nach fachlicher Ausrichtung	*aggregierter Index:* Universalismus-Traditionalismus	*aggregierter Index:* Fremdenfeindlichkeit	*aggregierter Index:* Identifikation mit Verschwörungsideologien	N
Freiberufler*innen/ selbständige Akademiker*innen (*„neue Mittelklasse"*)	0,24	0,28	0,42	244
Handwerk/Einzelhandel u. a./ Landwirtschaft (*„alte Mittelklasse"*)	– 0,09	– 0,07	– 0,04	406
Pearson-Chi-Quadrat	$\chi^2(1) = 650{,}00$, $p < 0{,}001$			
Handwerk/Einzelhandel u. a.	– 0,07	– 0,05	– 0,01	374
Landwirtschaft	– 0,39	– 0,28	– 0,35	32
Pearson-Chi-Quadrat	$\chi^2(4) = 1300{,}00$, $p < 0{,}001$			

Datenquelle: FGZ-Regionalpanel 2021, eigene Auswertung und Darstellung.

Insgesamt sprechen diese Befunde weiterhin dafür, dass das Sozialstruktur-Modell von Reckwitz, dem eine Koppelung von sozioökonomischen Merkmalen sowie gesellschaftsbezogenen Einstellungs- und Werteprofilen zugrunde liegt, für die Gruppe der Kleinstunternehmer*innen Erklärungskraft besitzt.

Die ermittelten Befunde könnten aber ebenso auf (reine) Alters-, Generationen- oder Bildungseffekte zurückzuführen sein, wie bspw. auch von Sachweh mit

Bezug auf mögliche Generationeneffekte angemerkt wurde.[1] Dies wird im Folgenden geprüft.

Im Hinblick auf die zwischen beiden Gruppen konstatierten Unterschiede können Alters- bzw. Generationeneffekte ausgeschlossen werden, da die Altersverteilung beider Gruppen außer bei der Altersgruppe unter 30 Jahren nahezu übereinstimmt und hier nur geringe, nichtsignifikante Unterschiede bestehen (siehe Tabelle 11).

Tabelle 11
Vergleich der Altersverteilung bei Kleinstunternehmer*innen
nach fachlicher Ausrichtung sowie vorläufiger Klassen-Zuordnung

Kleinstunternehmer*innen nach fachlicher Ausrichtung und Alter	bis 30 Jahre	31 bis 50 Jahre	51 bis 65 Jahre	über 65 Jahre	N
Freiberufler*innen/ selbständige Akademiker*innen (*„neue Mittelklasse"*)	1 %	37 %	49 %	13 %	239
Handwerk/Einzelhandel u. a./ Landwirtschaft (*„alte Mittelklasse"*)	5 %	35 %	49 %	11 %	397
Pearson-Chi-Quadrat	$\chi^2(3) = 7{,}745$, p = 0,052				

Datenquelle: FGZ-Regionalpanel 2021, eigene Auswertung und Darstellung.

Gleichwohl lassen sich innerhalb beider Gruppen fast identische, signifikante Alterseffekte aufzeigen, bei denen es sich ggf. auch um Generationeneffekte handeln kann. Befragte im Alter zwischen 31 und 50 Jahren befürworten in beiden Gruppen universalistische Werte am stärksten und lehnen Fremdenfeindlichkeit sowie Verschwörungstheorien zugleich am stärksten ab. Mit steigendem Lebensalter wächst in beiden Gruppen die Nähe zu traditionellen Werten sowie die Befürwortung von Fremdenfeindlichkeit, während die Distanz zu Verschwörungstheorien geringer ausfällt (siehe Tabelle 12).[2]

Wenn Bildungseffekte die von Reckwitz angenommenen Sozialstruktur-Effekte überlagern oder auch bestimmen sollten, müssten in beiden Gruppen bei den Höherqualifizierten, d. h. bei Befragten mit Hochschulabschluss, die Indexwerte zu den einzelnen Einstellungskonstrukten ähnlich ausfallen. Die hierzu vorgenommene Auswertung zeigt Folgendes:

In beiden Gruppen tendieren Kleinstunternehmer*innen mit Hochschlussabschluss eindeutig zu universalistischen Werten. Allerdings fällt der betreffende

---

[1] Vgl. *Sachweh*, 2021, S. 185.
[2] Befragte im Alter unter 30 Jahren wurden bei dieser Auswertung aufgrund der zu geringen Fallzahlen nicht berücksichtigt.

Tabelle 12

**Vergleich der aggregierten, z-standardisierten Indizes
„Universalismus/Traditionalismus", „Fremdenfeindlichkeit" und „Identifikation
mit Verschwörungsideologien" bei Kleinstunternehmer*innen
nach fachlicher Ausrichtung und Alter**

Kleinstunternehmer*innen nach fachlicher Ausrichtung und Alter	*aggregierter Index:* Universalismus-Traditionalismus	*aggregierter Index:* Fremden-feindlichkeit	*aggregierter Index:* Identifika-tion mit Verschwörungs-ideologien	N
Freiberufler*innen/ selbständige Akademiker*innen (*„neue Mittelklasse"*)				
31 bis 50 Jahre	0,43	0,56	0,53	69
51 bis 65 Jahre	0,21	0,24	0,45	93
über 65 Jahre	− 0,35	− 0,24	0,27	28
Pearson-Chi-Quadrat	$\chi^2(9) = 576{,}00$, $p < 0{,}001$			
Handwerk/Einzelhandel u. a./ Landwirtschaft (*„alte Mittelklasse"*)				
31 bis 50 Jahre	0,11	0,36	0,41	43
51 bis 65 Jahre	0,2	0,12	0,4	39
über 65 Jahre	− 0,18	− 0,07	0,17	8
Pearson-Chi-Quadrat	$\chi^2(9) = 288{,}00$, $p < 0{,}001$			

Datenquelle: FGZ-Regionalpanel 2021, eigene Auswertung und Darstellung.

Indexwert bei Freiberufler*innen bzw. selbstständigen Akademiker*innen (aggregierter Indexwert = 0,24) doppelt so hoch aus wie bei Kleinstunternehmer*innen des Handwerks und Einzelhandels sowie der Landwirtschaft (aggregierter Indexwert = 0,12; siehe Tabelle 13).

Kleinstunternehmer*innen des Handwerks und Einzelhandels sowie der Landwirtschaft mit Hochschulabschluss unterscheiden sich hier zugleich deutlich von dem für Kleinstunternehmer*innen des Handwerks und Einzelhandels sowie der Landwirtschaft insgesamt zu verzeichnenden Indexwert, der tendenziell eher auf eine Befürwortung traditioneller Werte hinweist (aggregierter Indexwert = − 0,09; siehe Tabelle 10).

Im Hinblick auf Fremdenfeindlichkeit und Verschwörungsideologien ist sowohl bei Freiberufler*innen und selbstständigen Akademiker*innen mit Hochschulabschluss (aggregierte Indexwerte = 0,29 sowie = 0,46) als auch bei Kleinstunternehmer*innen des Handwerks und Einzelhandels sowie der Landwirtschaft mit Hochschulabschluss (aggregierte Indexwerte = 0,22 sowie = 0,40) eine deutlich ausgeprägte Ablehnung zu konstatieren, wobei die Unterschiede zwischen den betreffenden Indexwerten beider Gruppen geringer ausfallen als bei der Universalismus/Traditionalismus-Skala (siehe Tabelle 13).

Tabelle 13
Vergleich der aggregierten, z-standardisierten Indizes
„Universalismus/Traditionalismus", „Fremdenfeindlichkeit" und „Identifikation
mit Verschwörungsideologien" bei Kleinstunternehmer*innen mit Hochschulabschluss
nach fachlicher Ausrichtung sowie vorläufiger Klassen-Zuordnung

Kleinstunternehmer*innen mit Hochschulabschluss nach fachlicher Ausrichtung	aggregierter Index: Universalismus-Traditionalismus	aggregierter Index: Fremden-feindlichkeit	aggregierter Index: Identifikation mit Verschwörungsideologien	N
Freiberufler*innen/ selbständige Akademiker*innen („neue Mittelklasse")	0,24	0,29	0,46	196
Handwerk/Einzelhandel u. a./ Landwirtschaft („alte Mittelklasse")	0,12	0,22	0,4	98
Pearson-Chi-Quadrat	$\chi^2(1) = 294,00$, p $< 0,001$			

Datenquelle: FGZ-Regionalpanel 2021, eigene Auswertung und Darstellung.

Insgesamt verweisen die Befunde darauf, dass in beiden Gruppen Bildungseffekte nachweisbar sind, welche die von Reckwitz angenommenen Sozialstruktur-Effekte überlagern, denn Kleinstunternehmer*innen des Handwerks und Einzelhandels sowie der Landwirtschaft mit Hochschulabschluss lehnen rechtspopulistische Einstellungen wie Fremdenfeindlichkeit oder Verschwörungsideologien ebenso ab wie Freiberufler*innen und selbstständige Akademiker*innen mit Hochschulabschluss.

Gleichwohl könnten hierbei auch sozialräumliche Effekte bedeutsam sein, denn auch ein Großteil der im Rahmen des FGZ-Regionalpanels 2021 befragten Kleinstunternehmer*innen des Handwerks und Einzelhandels sowie der Landwirtschaft mit Hochschulabschluss wohnt in Großstädten (68 Prozent, siehe Tabelle 14), während Reckwitz ihre sozialräumliche Verortung vor allem „in Klein- und Mittelstädten sowie im ländlichen Raum" sieht.[3]

---

[3] *Reckwitz*, 2019, S. 98.

Tabelle 14

**Kleinstunternehmer*innen mit Hochschulabschluss nach fachlicher Ausrichtung,
vorläufiger Klassen-Zuordnung sowie Größe des Wohnortes (in Prozent)**

Kleinstunternehmer*innen mit Hochschulabschluss nach fachlicher Ausrichtung	Wohnort			
	Großstadt	Mittelstadt	Kleinstadt/ dörfliche Gemeinde	N
Freiberufler*innen/ selbständige Akademiker*innen (*„neue Mittelklasse"*)	71 %	26 %	4 %	196
Handwerk/Einzelhandel u. a./ Landwirtschaft (*„alte Mittelklasse"*)	68 %	21 %	10 %	98
Pearson-Chi-Quadrat	$\chi^2(2) = 5{,}48$, p = 0,065			

Datenquelle: FGZ-Regionalpanel 2021, eigene Auswertung und Darstellung.

Um zu prüfen, inwieweit die aufgezeigten, gering ausfallenden Unterschiede zwischen Freiberufler*innen bzw. selbstständigen Akademiker*innen mit Hochschulabschluss einerseits und Hochqualifizierten des Handwerks und Einzelhandels sowie der Landwirtschaft andererseits auf sozialräumliche Effekte, d. h. auf den Umstand zurückzuführen sind, dass – gemessen an den sozialräumlichen Annahmen von Reckwitz – ein überproportionaler Anteil der im Regionalpanel befragten Kleinstunternehmer*innen des Handwerks und Einzelhandels sowie der Landwirtschaft mit Hochschulabschluss in Großstädten wohnt, werden im Folgenden die einstellungsbezogenen Indexwerte beider Gruppen nach der jeweiligen Größe des Wohnortes gegenübergestellt. Aufgrund der geringen Fallzahlen wurden die Gemeindegrößen „Mittelstadt" sowie „Kleinstadt und dörfliche Gemeinde" hierbei zusammengefasst. Für beide Vergleichsgruppen zeigen sich sozialräumlich bedingte Unterschiede, aber anders als in dem Modell von Reckwitz angenommen und dargestellt.

In Mittel- und Kleinstädten sowie dörflichen Gemeinden ist lediglich für Kleinstunternehmer*innen des Handwerks und Einzelhandels sowie der Landwirtschaft mit Hochschulabschluss eine ausgeprägte Befürwortung von traditionellen Werten festzustellen (aggregierter Indexwert = – 0,11). Für Freiberufler*innen bzw. selbstständige Akademiker*innen mit Hochschulabschluss ist dagegen die Befürwortung von universalistischen Werten zumindest tendenziell sichtbar (aggregierter Indexwert = 0,02). Demgegenüber fällt in Großstädten die Zustimmung zu universalistischen Werten bei beiden Gruppen sehr deutlich aus (aggregierter Indexwert „Universalismus/Traditionalismus" bei Freiberufler*innen bzw. selbstständigen Akademiker*innen = 0,33, bei Kleinstunternehmer*innen des Handwerks und Einzelhandels sowie der Landwirtschaft mit Hochschulabschluss = 0,24; siehe Tabelle 15).

Im Hinblick auf die Einstellungskonstrukte „Fremdenfeindlichkeit" sowie „Identifikation mit Verschwörungsideologien" bestehen unter Berücksichtigung der verschiedenen Gemeindegrößen zwischen den Vergleichsgruppen deutlich geringere Unterschiede. So lässt sich bei allen Gruppen und Gemeindegrößen eine relativ starke Ablehnung von Fremdenfeindlichkeit und Verschwörungsideologien feststellen, wobei die Ablehnungswerte bei Kleinstunternehmer*innen aus Großstädten am höchsten ausfallen (aggregierte Indexwerte „Fremdenfeindlichkeit" = 0,35 sowie 0,24; aggregierte Indexwerte „Identifikation mit Verschwörungsideologien" = 0,55 sowie 0,39; siehe Tabelle 15).

Gemessen an den Annahmen von Reckwitz sind insbesondere folgende Befunde als unerwartet einzustufen:

Auf Ebene der Mittel- und Kleinstädte liegen die Ablehnungswerte von Kleinstunternehmer*innen des Handwerks und Einzelhandels sowie der Landwirtschaft mit Hochschulabschluss bei beiden Indizes (aggregierte Indexwerte = 0,18 sowie = 0,43) jeweils über dem Ablehnungswert von Freiberufler*innen bzw. selbstständigen Akademiker*innen mit Hochschulabschluss (aggregierte Indexwerte = 0,12 sowie = 0,22). Im Hinblick auf Verschwörungsideologien fällt der Ablehnungswert bei Kleinstunternehmer*innen des Handwerks und Einzelhandels sowie der Landwirtschaft mit Hochschulabschluss somit fast doppelt so hoch aus wie bei Freiberufler*innen bzw. selbstständigen Akademiker*innen mit Hochschulabschluss (siehe Tabelle 15).

Zum einen bedeutet dies, dass die oben dargestellten, gering ausfallenden Unterschiede zwischen Freiberufler*innen bzw. selbstständigen Akademiker*innen mit Hochschulabschluss sowie Hochqualifizierten des Handwerks und Einzelhandels sowie der Landwirtschaft (siehe Tabelle 13) nicht darauf zurückzuführen sind, dass die in Großstädten wohnenden Kleinstunternehmer*innen des Handwerks und Einzelhandels sowie der Landwirtschaft mit Hochschulabschluss im FGZ-Regionalpanel überproportional vertreten sind.

Zum anderen lässt sich anhand der dargestellten Befunde zumindest für hochqualifizierte Kleinstunternehmer*innen die von Reckwitz getroffene Annahme einer Einstellungs- und Wertepolarisierung zwischen „neuer" und „alter Mittelklasse" nicht bestätigen, wonach die „alte Mittelklasse" quasi per se zugleich zu rechtspopulistischen Einstellungs- und Wertevorstellungen „tendieren" würde.[4]

---

[4] Vgl. *Reckwitz*, 2019, S. 72 und S. 102.

Tabelle 15

Vergleich der aggregierten, z-standardisierten Indizes
„Universalismus/Traditionalismus", „Fremdenfeindlichkeit" und „Identifikation
mit Verschwörungsideologien" bei Kleinstunternehmer*innen mit Hochschulabschluss
nach fachlicher Ausrichtung, vorläufiger Klassen-Zuordnung
sowie Größe des Wohnortes

Kleinstunternehmer*innen *mit Hochschulabschluss* nach fachlicher Ausrichtung und Größe des Wohnortes	*aggregierter Index:* Universalismus-Traditionalismus	*aggregierter Index:* Fremden-feindlichkeit	*aggregierter Index:* Identifika-tion mit Ver-schwörungs-ideologien	N
Freiberufler*innen/ selbständige Akademiker*innen (*„neue Mittelklasse"*)				
Großstadt	0,33	0,35	0,55	139
Mittelstadt/Kleinstadt/ dörfliche Gemeinde	0,02	0,12	0,22	57
Pearson-Chi-Quadrat	$\chi^2(1) = 196{,}00$, $p < 0{,}001$			
Handwerk/Einzelhandel u. a./ Landwirtschaft (*„alte Mittelklasse"*)				
Großstadt	0,24	0,24	0,39	67
Mittelstadt/Kleinstadt/ dörfliche Gemeinde	− 0,11	0,18	0,43	31
Pearson-Chi-Quadrat	$\chi^2(1) = 98{,}00$, $p < 0{,}001$			

Datenquelle: FGZ-Regionalpanel 2021, eigene Auswertung und Darstellung.

II. Bewertung der eigenen sozialen Position – Aufstieg, Abstieg, Bedrohung?

Eine weitere Grundannahme des Sozialstruktur-Modells von Reckwitz besteht darin, dass die „neue" und die „alte Mittelklasse" seit den 1990er-Jahren unterschiedliche soziale und kulturelle Entwicklungspfade genommen haben. Danach hat die „neue Mittelklasse" einen „sozialen und kulturellen Aufstieg" vollzogen, während Reckwitz für die „alte Mittelklasse" einen „sozialen und kulturellen Abstieg" konstatiert, der von der „alte[n] Mittelklasse" zugleich als „Bedrohung" wahrgenommen wird.[5]

---

[5] Vgl. ebd., S. 102.

Auch diese Annahme soll für die Gruppe der Kleinstunternehmer*innen anhand eines im Rahmen des FGZ-Regionalpanels 2021 eingesetzten Indikators zur Erfassung der relativen Deprivation[6] geprüft werden. Hierbei wurde die Frage gestellt, inwieweit die Befragten der Meinung sind, dass sie im Vergleich zu anderen Menschen, die in Deutschland leben, ihren gerechten Anteil erhalten (siehe Anhang, Anlage 1, Frage 30).

Wie die Auswertungen zeigen, sind bei dieser Frage zwischen beiden Gruppen keine signifikanten Unterschiede feststellbar. Bei Freiberufler*innen und selbstständigen Akademiker*innen sind 77 Prozent der Befragten der Meinung, dass sie im Vergleich zu anderen Menschen, die in Deutschland leben, ihren gerechten Anteil bzw. etwas oder viel mehr als ihren gerechten Anteil erhalten. Bei Kleinstunternehmer*innen des Handwerks und Einzelhandels sowie der Landwirtschaft sind dies 75 Prozent der Befragten (siehe Abbildung 7).

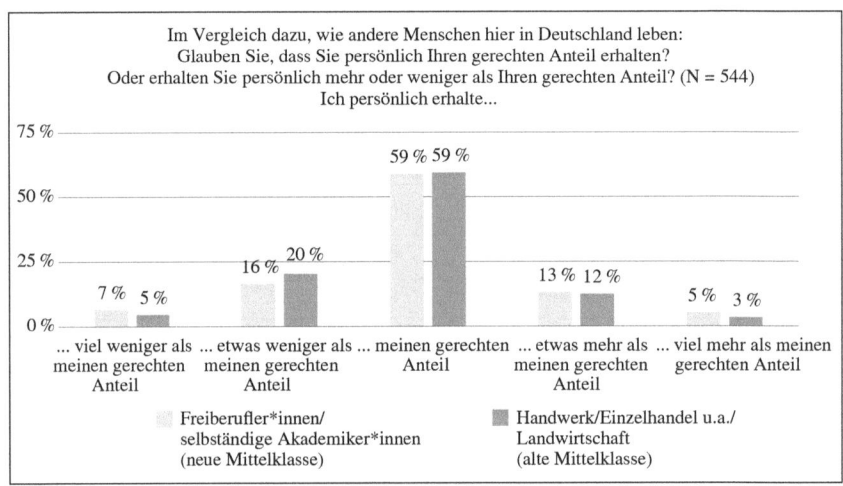

Datenquelle: FGZ-Regionalpanel 2021, eigene Auswertung und Darstellung.

Anmerkung:
Pearson-Chi-Quadrat: χ^2 (4) = 3,148, p = 0,533

Abbildung 7: Relative Deprivation bei Kleinstunternehmer*innen
nach fachlicher Ausrichtung und vorläufiger Klassen-Zuordnung (in Prozent)

Auch im Hinblick auf das allgemeine subjektive Wohlbefinden lassen sich anhand der Befragungsdaten des FGZ-Regionalpanels 2021[7] keine Anhaltspunkte für die von Reckwitz postulierten sozialen Abstiegs- oder Gefährdungsängste der „alten Mittelklasse", in unserem Falle der Kleinstunternehmer*innen des Handwerks und Einzelhandels sowie der Landwirtschaft finden, die sie nach Reckwitz

---

[6] Vgl. *Pettigrew*, 2015; *Rippl/Baier*, 2005.
[7] Siehe Anhang, Anlage 1, Frage 34.

von der „neuen Mittelklasse", in unserem Falle von Freiberufler*innen und selbstständigen Akademiker*innen, unterscheidet.

In beiden Gruppen ist die deutliche Mehrheit der befragten Kleinstunternehmer*innen mit dem Leben insgesamt sehr bzw. eher zufrieden. Sowohl bei Freiberufler*innen und selbstständigen Akademiker*innen als auch bei Kleinstunternehmer*innen des Handwerks und Einzelhandels sowie der Landwirtschaft stimmten
85 Prozent der Befragten dieser Aussage zu (siehe Abbildung 8).

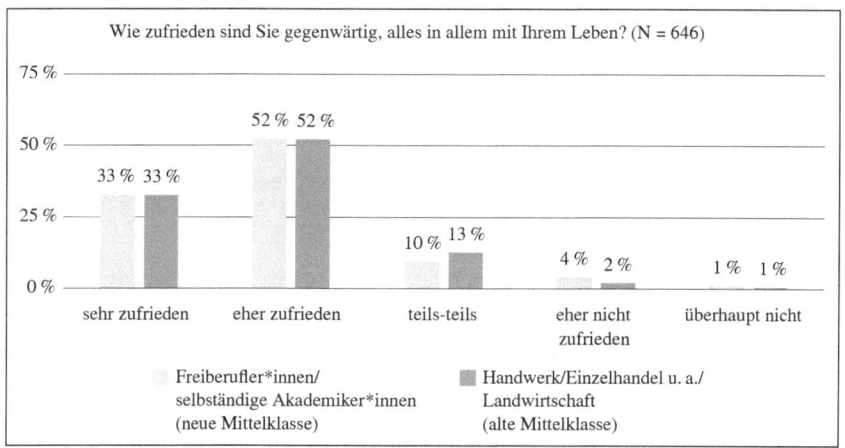

Datenquelle: FGZ-Regionalpanel 2021, eigene Auswertung und Darstellung.

Anmerkung:
Pearson-Chi-Quadrat: χ^2 (4) = 4,205, p = 0,379

Abbildung 8: Allgemeine Lebenszufriedenheit bei Kleinstunternehmer*innen
nach fachlicher Ausrichtung und vorläufiger Klassen-Zuordnung (in Prozent)

III. Sozialer Zusammenhalt in lokalen Gesellschaften und Gefährdungswahrnehmungen des gesellschaftlichen Zusammenhalts

Abschließend soll geprüft werden, inwieweit sich zwischen Freiberufler*innen
und selbstständigen Akademiker*innen einerseits und Kleinstunternehmer*innen
des Handwerks und Einzelhandels sowie der Landwirtschaft andererseits Unterschiede im Hinblick auf Perspektiven zu Fragen des gesellschaftlichen Zusammenhalts aufzeigen lassen.

Nach Reckwitz müssten die sozialen Kontakte der „alten Mittelklasse", d. h.
der Kleinstunternehmer*innen des Handwerks und Einzelhandels sowie der Landwirtschaft, aufgrund ihrer „starke[n] regionale[n] und lokale[n] Verwurzelung" auf

Tabelle 16
**Vergleich der aggregierten, z-standardisierten Indizes
„Sozialer Zusammenhalt in lokalen Gesellschaften" sowie
„Gefährdungswahrnehmungen des gesellschaftlichen Zusammenhalts"
bei Kleinstunternehmer*innen nach fachlicher Ausrichtung
und vorläufiger Klassen-Zuordnung**

Kleinstunternehmer*innen nach fachlicher Ausrichtung	*aggregierter Index:* Sozialer Zusammenhalt in lokalen Gesellschaften	*aggregierter Index:* Gefährdungswahr-nehmungen des ge-sellschaftlichen Zu-sammenhalts	N
Freiberufler*innen/ selbständige Akademiker*innen (*„neue Mittelklasse"*)	– 0,10	0,04	244
Handwerk/Einzelhandel u. a./ Landwirtschaft (*„alte Mittelklasse"*)	– 0,09	0,02	406
Pearson-Chi-Quadrat	$\chi^2(1) = 650,00$, p < 0,001		

Datenquelle: FGZ-Regionalpanel 2021, eigene Auswertung und Darstellung.

Ebene des Wohnortes[8] deutlich stärker ausgeprägt sein als bei der „neuen Mittel-klasse", d. h. den Freiberufler*innen und selbstständigen Akademiker*innen.

Auch müsste entsprechend der von Reckwitz für die „alte Mittelklasse" formu-lierten „Abstiegsthese"[9] bei den befragten Kleinstunternehmer*innen des Hand-werks und Einzelhandels sowie der Landwirtschaft die Wahrnehmung einer Ge-fährdung des gesellschaftlichen Zusammenhalts deutlich zutage treten.

Anhand der hierzu im FGZ-Regionalpanel 2021 erhobenen Daten, die zu den z-standardisierten Indizes „Sozialer Zusammenhalt in lokalen Gesellschaften" sowie „Gefährdungswahrnehmungen des gesellschaftlichen Zusammenhalts" zusammen-gefasst wurden (siehe Abschnitt E. V.), zeigt sich folgendes Bild:

Im Hinblick auf die Einschätzung des sozialen Zusammenhalts auf lokaler Ebene bestehen zwischen beiden Gruppen nur sehr geringe Unterschiede. Beide Grup-pen bewerten den sozialen Zusammenhalt auf lokaler Ebene tendenziell positiv. Bei Freiberufler*innen und selbstständigen Akademiker*innen beträgt der ent-sprechende Indexwert – 0,10, bei Kleinstunternehmer*innen des Handwerks und Einzelhandels sowie der Landwirtschaft – 0,09 (siehe Tabelle 16).

Auch mit Blick auf den Index „Gefährdungswahrnehmungen des gesellschaft-lichen Zusammenhalts" (siehe Abschnitt E. V.) sind zwischen beiden Gruppen nur

---

[8] Vgl. *Reckwitz*, 2019, S. 99.
[9] Vgl. ebd., S. 89 und S. 102.

sehr geringe Unterschiede festzustellen. Sowohl Freiberufler*innen und selbst-ständige Akademiker*innen (aggregierter Indexwert = 0,04) als auch Kleinst-unternehmer*innen des Handwerks und Einzelhandels sowie der Landwirtschaft (aggregierter Indexwert = 0,02) sehen zumindest tendenziell keine Gefährdungen des gesellschaftlichen Zusammenhalts (siehe Tabelle 16).

IV. Tragfähigkeit des Sozialstruktur-Modells von Reckwitz

Auch wenn sich das von Reckwitz vorgeschlagene Sozialstruktur-Modell im Hinblick auf die ermittelten soziodemografischen Profile der befragten Kleinst-unternehmer*innen vorerst als tragfähig erwies, wurde hinsichtlich der hier unter-suchten Einstellungskonstrukte, die als aussagekräftige Indikatoren für rechts-populistische Wertorientierungen und Einstellungen gelten, deutlich, dass sich die von Reckwitz angenommenen Zusammenhänge zwischen „Klassen-Zugehörig-keit" einerseits und gesellschaftsbezogenen Werte- und Einstellungsmustern an-dererseits zumindest für die Gruppe der Kleinstunternehmer*innen in dieser Form nicht bestätigen lassen. Unsere Analysen zeigen hier keine eindeutig abgrenzbaren Werte- und Einstellungsprofile zwischen Freiberufler*innen und selbstständigen Akademiker*innen sowie Kleinstunternehmer*innen des Handwerks und Einzel-handels sowie der Landwirtschaft.

Gleichwohl sind hierbei das spezifische Erhebungsdesign des FGZ-Regional-panels 2021 sowie die für die Gruppe der Kleinstunternehmer*innen in diesem Zusammenhang zur Verfügung stehenden geringen Fallzahlen zu berücksichtigen. Zudem konnte aufgrund des im Rahmen des FGZ-Regionalpanels 2021 realisier-ten Fragenprogramms nur eine begrenzte Auswahl von differenzierungsrelevan-ten Einstellungsmerkmalen herangezogen werden, die zwar im Hinblick auf das Sozialstruktur-Modell von Reckwitz einen wichtigen, aber dennoch nur geringen Teil der im Rahmen des Modells als relevant eingestuften Einstellungsdimensio-nen repräsentieren.

Im Hinblick auf die Gruppe der Kleinstunternehmer*innen wäre es aus unserer Sicht deshalb durchaus lohnenswert, die analytische Tragfähigkeit des Sozialstruk-tur-Modells von Reckwitz anhand repräsentativer sowie inhaltlich und methodisch breiter angelegter Datensätze weiter zu prüfen.

Mit Blick auf die zentrale Fragestellung des vorliegenden Beitrages – „Wie positionieren sich Kleinstunternehmer*innen zum Thema gesellschaftlicher Zu-sammenhalt" – scheint es im Weiteren sinnvoll zu sein, die Analyse mit anderer Ausrichtung weiter zu vertiefen. Ein gewinnbringender und zugleich aufschluss-reicher Ansatz besteht aus unserer Sicht zum einen darin, die Spezifik der Erwerbs-situation von Kleinstunternehmer*innen stärker zu berücksichtigen und die Gruppe der Kleinstunternehmer*innen einem Vergleich mit anderen Erwerbsgruppen zu unterziehen. Zum anderen kann die vertiefende Analyse von einstellungsbezogenen Einflussfaktoren weitere Anhaltspunkte liefern.

G. Gesellschaftsbezogene Werte und Einstellungen – Vergleich mit anderen Erwerbsgruppen

I. Spezifik der Erwerbssituation von Kleinstunternehmer*innen

Die Erwerbssituation von Kleinstunternehmer*innen ist durch eine Reihe von Besonderheiten geprägt. Im Unterschied zu nicht selbstständig tätigen Erwerbstätigen unterliegt bspw. der gesamte Erwerbsprozess von Kleinstunternehmer*innen der eigenverantwortlichen Planung, Steuerung und Realisierung. Im Hinblick auf materielle Sicherheit und soziale Absicherung ist die sozioökonomische Situation von Kleinstunternehmer*innen im Vergleich zu abhängig beschäftigten Erwerbstätigen zugleich mit besonderen Risiken verbunden. Hierzu gehören bspw. die Unsicherheit und ggf. Unregelmäßigkeit des erzielbaren Erwerbseinkommens, aber auch die in der Regel kostenintensivere und mit einem höheren Aufwand verbundene Inanspruchnahme sozialer Sicherungssysteme.[1]

Es kann aus unserer Sicht somit angenommen werden, dass die Spezifik der Erwerbssituation von Kleinstunternehmer*innen auch ihr Verständnis von sozialer Gerechtigkeit sowie von gesellschaftlichem Zusammenhalt prägt und sich in entsprechenden gesellschaftsbezogenen Werten und Einstellungen niederschlägt, die sich unter Umständen von den gesellschaftsbezogenen Werten und Einstellungen anderer Erwerbsgruppen unterscheiden.

Für den Vergleich der Erwerbsgruppen werden erneut die Indizes zu den Einstellungskonstrukten „Universalismus/Traditionalismus", „Fremdenfeindlichkeit" und „Identifikation mit Verschwörungsideologien" sowie die Indizes „Sozialer Zusammenhalt auf lokaler Ebene" und „Gefährdungswahrnehmungen des gesellschaftlichen Zusammenhalts" herangezogen.

II. Universalismus/Traditionalismus, Fremdenfeindlichkeit, Identifikation mit Verschwörungsideologien

Der anhand der aggregierten Indizes „Universalismus/Traditionalismus", „Fremdenfeindlichkeit" und „Identifikation mit Verschwörungsideologien" vorgenommene Vergleich zeigt, dass Kleinstunternehmer*innen tendenziell eher

---

[1] Vgl. BMAS, 2020, S. 32 ff.; vgl. Abschnitt D. VII., Soziale Absicherung.

universalistisch orientiert sind, aber nahe am Übergang zum traditionalistischen Einstellungsprofil liegen (aggregierter Indexwert = 0,03). Abhängig beschäftigte Erwerbstätige sowie arbeitslose bzw. arbeitsuchende Befragte tendieren hier etwas stärker zu universalistischen Werten (aggregierte Indexwerte = 0,09 sowie = 0,11; siehe Tabelle 17).

Demgegenüber weisen Kleinstunternehmer*innen im Hinblick auf Fremdenfeindlichkeit nach der Gruppe der abhängig Beschäftigten (aggregierter Indexwert = 0,08) den zweithöchsten Ablehnungswert auf (aggregierter Indexwert = 0,06). Ein deutlicher Unterschied zu den anderen Erwerbsgruppen besteht vor allem im Hinblick auf die Identifikation mit Verschwörungsideologien. Bei Kleinstunternehmer*innen ist hier eine stärkere Ablehnung mit zum Teil deutlichem Abstand zu den anderen Erwerbsgruppen festzustellen (aggregierter Indexwert = 0,13; siehe Tabelle 17).

Tabelle 17

ergleich der aggregierten, z-standardisierten Indizes „Universalismus/Traditionalismus", „Fremdenfeindlichkeit" und „Identifikation mit Verschwörungsideologien" nach Erwerbsstatus

Erwerbsstatus	*aggregierter Index:* Universalismus-Traditiona-lismus	*aggregierter Index:* Fremdenfeind-lichkeit	*aggregierter Index:* Identifikation mit Verschwö-rungsideologien	N
– selbstständige Kleinstunterneh-mer*innen	0,03	0,06	0,13	650
– abhängig beschäftigte Erwerbstätige	0,09	0,08	0,08	6.026
– arbeitslos/-suchend	0,11	– 0,17	– 0,36	285
– nicht erwerbstätig	– 0,19	– 0,15	– 0,06	2.829
Pearson-Chi-Quadrat	$\chi^2(9) = 29370,00$, $p < 0,001$			

Datenquelle: FGZ-Regionalpanel 2021, eigene Auswertung und Darstellung.

III. Bewertung der eigenen sozialen Position

Die Auswertung der Befragungsergebnisse zur Erfassung der relativen Deprivation[2] liefert keine Anhaltspunkte dafür, dass sich Kleinstunternehmer*innen im Vergleich zu anderen Erwerbsgruppen benachteiligt oder ungerecht behandelt fühlen.

---

[2] Vgl. Anhang, Anlage 1, Frage 30.

Hier ist im Gegenteil zu konstatieren, dass Kleinstunternehmer*innen die Frage, inwieweit sie der Meinung sind, dass sie im Vergleich zu anderen Menschen, die in Deutschland leben, ihren gerechten Anteil erhalten, am positivsten bewerten. Die deutliche Mehrheit von ihnen (77 Prozent) stimmte der Aussage zu, dass sie ihren gerechten Anteil bzw. etwas oder viel mehr als ihren gerechten Anteil erhalten. Bei den befragten abhängig beschäftigten Erwerbstätigen waren 70 Prozent dieser Meinung, bei nicht erwerbstätigen Befragten 74 Prozent, während bei arbeitslosen bzw. arbeitsuchenden Befragten nur 48 Prozent dieser Aussage zustimmten (siehe Abbildung 9).

Die mit der Erwerbssituation von Kleinstunternehmer*innen verbundenen Risiken sowie auch die Tatsache, dass für Kleinstunternehmer*innen soziale Sicherungssysteme schwerer bzw. nur mit einem höheren Aufwand zugänglich sind, führt bei der Mehrzahl der befragten Kleinstunternehmer*innen offensichtlich nicht zu einer negativen Bewertung ihrer sozialen Position. Mit Blick auf die überwiegend positive Bewertung zeigt sich wiederum eine hohe Übereinstimmung mit den befragten abhängig beschäftigten Erwerbstätigen.

Zugleich ist hierbei zu berücksichtigen, dass etwa ein Viertel der Befragten der Gesamtstichprobe des FGZ-Regionalpanels 2021 diese Frage nicht beantwortet hatte.[3]

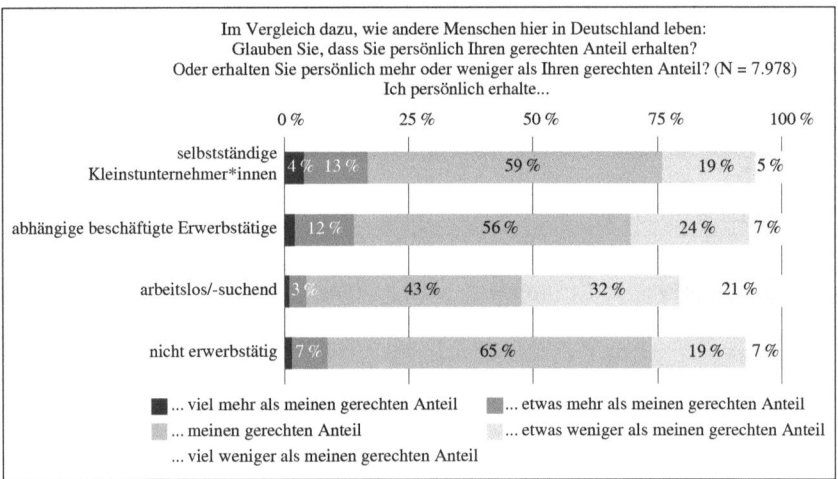

Datenquelle: FGZ-Regionalpanel 2021, eigene Auswertung und Darstellung.

Anmerkung:
Pearson-Chi-Quadrat: χ^2 (12) = 181,486, p < 0,001

Abbildung 9: Relative Deprivation nach Erwerbsstatus (in Prozent)

---

[3] Anteil der Antwortausfälle pro Erwerbsgruppe bei Frage 30: Kleinstunternehmer*innen 16 Prozent, abhängig beschäftigte Erwerbstätige 18 Prozent, arbeitslose bzw. arbeitssuchende Personen 27 Prozent sowie nicht erwerbstätige Personen 19 Prozent.

IV. Einschätzung des sozialen Zusammenhalts in lokalen Gesellschaften und Gefährdungswahrnehmungen des gesellschaftlichen Zusammenhalts

Der weitere Vergleich der für jede Gruppe aggregierten Indizes „Sozialer Zusammenhalt auf lokaler Ebene" sowie „Gefährdungswahrnehmungen des gesellschaftlichen Zusammenhalts" macht deutlich, dass Kleinstunternehmer*innen den sozialen Zusammenhalt auf lokaler Ebene am positivsten einschätzen (aggregierter Indexwert = – 0,09). Gefährdungen des gesellschaftlichen Zusammenhalts wird im Gruppenvergleich dagegen die geringste Bedeutung zugemessen und tendenziell eher verneint (aggregierter Indexwert = 0,03). Bei beiden Indizes fällt insbesondere der Abstand zur Gruppe der arbeitslos bzw. arbeitsuchend gemeldeten Befragten besonders deutlich aus (aggregierte Indexwerte = 0,27 sowie – 0,13; p < 0,001; siehe Tabelle 18).

Tabelle 18

Vergleich der aggregierten, z-standardisierten Indizes „Sozialer Zusammenhalt in lokalen Gesellschaften" sowie „Gefährdungswahrnehmungen des gesellschaftlichen Zusammenhalts" nach Erwerbsstatus

Erwerbsstatus	*aggregierter Index:* sozialer Zusammenhalt auf lokaler Ebene	*aggregierter Index:* Gefährdungswahrnehmungen des gesellschaftlichen Zusammenhalts	N
– selbstständige Kleinstunternehmer*innen	– 0,09	0,03	650
– abhängig beschäftigte Erwerbstätige	– 0,01	– 0,01	6.026
– arbeitslos/-suchend	0,27	– 0,13	285
– nicht erwerbstätig	– 0,08	0,02	2.829
Pearson-Chi-Quadrat	$\chi^2(9) = 29370,00$, p < 0,001		

Datenquelle: FGZ-Regionalpanel 2021, eigene Auswertung und Darstellung.

V. Gemeinsamkeiten und Unterschiede

Der Vergleich der Gruppe der Kleinstunternehmer*innen mit anderen Erwerbsgruppen offenbart einige Gemeinsamkeiten, aber auch deutliche Unterschiede.

Selbstständige Kleinstunternehmer*innen sind ebenso wie abhängig beschäftigte Erwerbstätige sowie arbeitslose bzw. arbeitsuchende Personen tendenziell universalistisch orientiert.

Fremdenfeindlichkeit lehnen Kleinstunternehmer*innen in der Tendenz ebenso ab wie abhängig beschäftigte Erwerbstätige und unterscheiden sich hierbei zugleich deutlich von arbeitslosen bzw. arbeitsuchenden Personen sowie von nichterwerbstätigen Personen.

Die Ablehnung von Verschwörungsideologien fällt bei den Kleinstunternehmer*innen im Vergleich zu den anderen Erwerbsgruppen am stärksten aus. Auch hier sind wiederum deutliche Unterschiede zu arbeitslosen bzw. arbeitsuchenden Personen sowie zu nichterwerbstätigen Personen zu konstatieren.

Was die Perspektiven zu Einzelaspekten des Themas gesellschaftlicher Zusammenhalt betrifft, so wird der lokale, soziale Zusammenhalt von den Kleinstunternehmer*innen am positivsten eingeschätzt. Auch sehen sie im Unterschied zu abhängig beschäftigten Erwerbstätigen sowie arbeitslosen bzw. arbeitsuchenden Personen zumindest tendenziell keine Gefährdungen des gesellschaftlichen Zusammenhalts.

Trotz der Tatsache, dass die Erwerbssituation von Kleinstunternehmer*innen im Vergleich zu abhängig beschäftigten Erwerbstätigen mit deutlich größeren Risiken verbunden ist, weisen die Werte- und Einstellungsprofile von selbstständigen Kleinstunternehmer*innen und abhängig beschäftigten Erwerbstätigen bei den hier berücksichtigten Merkmalen insgesamt eine große Ähnlichkeit auf.

H. Gesellschaftlicher Zusammenhalt – Zusammenhänge und Einflussfaktoren bei Kleinstunternehmer*innen

I. Zusammenhang zwischen sozialem Zusammenhalt in lokalen Gesellschaften und Gefährdungswahrnehmungen des gesellschaftlichen Zusammenhalts

Sackmann und Mayer hatten im Rahmen ihrer Untersuchung im Hinblick auf die Einschätzung des sozialen Zusammenhalts in lokalen Gesellschaften Unterschiede zwischen verschiedenen Siedlungsgrößen[1] festgestellt. Danach war in Kleinstädten und dörflichen Gemeinden der stärkste Zusammenhalt auf lokaler Ebene zu verzeichnen. In Mittelstädten wurde der Zusammenhalt auf lokaler Ebene ebenfalls noch positiv bewertet, während in Großstädten die Einschätzung tendenziell negativ ausfiel.[2]

Nachfolgend soll deshalb geprüft werden, ob sich dieser Befund auch für die Gruppe der Kleinstunternehmer*innen bestätigen lässt.

Beim Vergleich der nach Wohnortgröße aggregierten Indizes wird sichtbar, dass Kleinstunternehmer*innen aus Mittelstädten den sozialen Zusammenhalt auf lokaler Ebene am positivsten beurteilen (aggregierter Indexwert = – 0,24). Bei Kleinstunternehmer*innen aus dörflichen Gemeinden beträgt der Indexwert – 0,11 und fällt bei Kleinstunternehmer*innen aus Großstädten mit einem Wert von – 0,02 am niedrigsten aus (siehe Tabelle 19). Für die Gruppe der Kleinstunternehmer*innen weichen die für die Siedlungsgrößen „Kleinstadt/dörfliche Gemeinde" sowie „Mittelstadt" ermittelten Befunde somit von den von Sackmann und Mayer für die Gesamtstichprobe ermittelten Befunden ab[3], was ein Hinweis darauf sein kann, dass Kleinstunternehmer*innen in Mittelstädten aufgrund ihrer strukturellen und wirtschaftlichen Bedeutung eine stark ausgeprägte soziale Verankerung im Gemeinwesen aufweisen.

Mit Blick auf Gefährdungswahrnehmungen des gesellschaftlichen Zusammenhalts sind anhand der aggregierten Indexwerte zwischen den Kleinstunternehmer*innen aus Großstädten, Mittelstädten sowie Kleinstädten und dörflichen

---

[1] Anzahl der Einwohner*innen des Wohnortes.

[2] Vgl. *Sackmann/Mayer*, 2024.

[3] Vgl. ebd.

Gemeinden nur geringe Unterschiede feststellbar, wenngleich Kleinstunternehmer*innen aus Kleinstädten und dörflichen Gemeinden zumindest tendenziell eher eine Gefährdung des gesellschaftlichen Zusammenhaltes sehen (aggregierter Indexwert = − 0,10), während bei Kleinstunternehmer*innen aus Groß- und Mittelstädten tendenziell keine Gefährdung angenommen wird (aggregierte Indexwerte = 0,04 bzw. = 0,05; siehe Tabelle 19).

Tabelle 19
Vergleich der aggregierten, z-standardisierten Indizes
„Sozialer Zusammenhalt in lokalen Gesellschaften" sowie
„Gefährdungswahrnehmungen des gesellschaftlichen Zusammenhalts"
bei Kleinstunternehmer*innen nach Größe des Wohnortes

Kleinstunternehmer*innen nach Größe des Wohnortes:	*aggregierter Index:* sozialer Zusammenhalt auf lokaler Ebene	*aggregierter Index:* Gefährdungswahrnehmungen des gesellschaftlichen Zusammenhalts	N
– Großstadt	− 0,02	0,04	383
– Mittelstadt	− 0,24	0,05	180
– Gemeinde	− 0,11	− 0,1	87
Pearson-Chi-Quadrat	$\chi^2(4) = 1300,00$, $p < 0,001$		

Datenquelle: FGZ-Regionalpanel 2021, eigene Auswertung und Darstellung.

In Ergänzung zur Untersuchung von Sackmann und Mayer[4] soll nachfolgend auch geprüft werden, ob und inwieweit sich die Einschätzungen des sozialen Zusammenhalts auf lokaler Ebene einerseits und Gefährdungswahrnehmungen des gesellschaftlichen Zusammenhalts andererseits wechselseitig beeinflussen und sich hierbei Unterschiede aufzeigen lassen, die mit der Größe des jeweiligen Wohnortes, d. h. mit dem jeweiligen Sozialraum in Verbindung stehen.

Anhand der hierzu durchgeführten Korrelationsanalyse, welcher die beiden z-standardisierten Indizes zum gesellschaftlichen Zusammenhalt zugrunde gelegt sind, lässt sich für die Gruppe der Kleinstunternehmer*innen insgesamt kein Zusammenhang zwischen der Einschätzung des sozialen Zusammenhalts in lokalen Gesellschaften einerseits und Gefährdungswahrnehmungen des gesellschaftlichen Zusammenhalts andererseits nachweisen. Der Korrelationskoeffizient zwischen beiden Indizes beträgt − 0,057 und ist nicht signifikant (siehe Tabelle 20).

Bei weiterer Differenzierung der Korrelationsanalyse nach den Siedlungsgrößen „Großstadt", „Mittelstadt" und „Kleinstadt/dörfliche Gemeinde" wird zumindest sichtbar, dass bei Kleinstunternehmer*innen in Kleinstädten und dörflichen Ge-

---

[4] Vgl. ebd.

meinden ein gewisser, wenngleich nichtsignifikanter Zusammenhang zwischen der Einschätzung des sozialen Zusammenhalts auf lokaler Ebene einerseits sowie Gefährdungswahrnehmungen des gesellschaftlichen Zusammenhalts andererseits besteht (r = – 0,161; p = 0,136): Je positiver der soziale Zusammenhalt auf Ebene der Kleinstadt bzw. dörflichen Gemeinde eingeschätzt wird, desto seltener werden Gefährdungen im Hinblick auf den gesellschaftsbezogenen Zusammenhalt gesehen. Für Kleinstunternehmer*innen in Groß- und Mittelstädten ist hier wiederum kein Zusammenhang nachweisbar (r = – 0,039, p = 0,527 sowie r = – 0,048, p = 0,446; siehe Tabelle 20).

Tabelle 20
Korrelation der z-standardisierten Indizes
„Sozialer Zusammenhalt in lokalen Gesellschaften" sowie
„Gefährdungswahrnehmungen des gesellschaftlichen Zusammenhalts"
bei Kleinstunternehmer*innen, gesamt sowie nach Größe des Wohnortes

	r[1]	Sig. (2-seitig)	N
Kleinstunternehmer*innen, gesamt	– 0,057	0,146	650
Kleinstunternehmer*innen nach Größe des Wohnortes:			
– Großstadt	– 0,039	0,446	383
– Mittelstadt	– 0,048	0,527	180
– Gemeinde	– 0,161	0,136	87

Datenquelle: FGZ-Regionalpanel 2021, eigene Auswertung und Darstellung.

Anmerkung:
(1) – Pearson-Korrelation

II. Gesellschaftlicher Zusammenhalt –
Einfluss gesellschaftsbezogener Einstellungsmuster

In einem weiteren Schritt soll mittels multipler linearer Regressionsanalysen geprüft werden, inwieweit die für die Gruppe der Kleinstunternehmer*innen festgestellten Ausprägungen der Einstellungskonstrukte „Universalismus/Traditionalismus", „Fremdenfeindlichkeit" und „Identifikation mit Verschwörungsideologien" die von ihnen getroffenen Einschätzungen des sozialen Zusammenhalts in lokalen Gesellschaften sowie die wahrgenommenen Gefährdungen des gesellschaftlichen Zusammenhalts beeinflussen. In die Regressionsanalysen werden die jeweiligen z-standardisierten Indizes einbezogen, wobei die Indizes zu „Universalismus/Traditionalismus", „Fremdenfeindlichkeit" und „Identifikation mit Verschwörungsideologien" als Prädiktoren fungieren und die Indizes „Sozialer Zusammenhalt in lokalen Gesellschaften" sowie „Gefährdungswahrnehmungen des gesellschaftlichen Zusammenhalts" als abhängige Variablen betrachtet werden.

Wie sich anhand der Ergebnisse der multiplen Regressionsanalyse nachvollziehen lässt, besteht zwischen den Einstellungskonstrukten „Universalismus/Traditionalismus", „Fremdenfeindlichkeit" sowie „Identifikation mit Verschwörungsideologien" einerseits und der Einschätzung des sozialen Zusammenhalts auf lokaler Ebene andererseits nur ein geringer Zusammenhang. Der multiple Regressionskoeffizient fällt hier mit einem R von 0,229 niedrig aus, die Varianzaufklärung ist mit einem R^2 von 0,052 gering (siehe Tabelle 21).

Der stärkste Effekt auf die Einschätzung des sozialen Zusammenhalts auf lokaler Ebene geht dabei vom Index „Universalismus/Traditionalismus" mit einem Beta-Wert von 0,246 (p < 0,001) aus, wobei eine traditionell-konservative Einstellung bei Kleinstunternehmer*innen häufiger zu einer positiven Einschätzung des sozialen Zusammenhalts auf lokaler Ebene führt, während das Vorliegen eines universalistisch geprägten Einstellungsprofils eher mit einer negativen Beurteilung des lokalen sozialen Zusammenhalts verbunden ist (siehe Tabelle 21).

Zugleich lässt sich für das Einstellungskonstrukt „Identifikation mit Verschwörungsideologien" mit einem Beta-Wert von − 0,120 (p = 0,008) für die betrachtete Gruppe der Kleinstunternehmer*innen feststellen, dass die Identifikation mit Verschwörungsideologien tendenziell mit einer negativen Bewertung des sozialen Zusammenhalts auf lokaler Ebene verbunden ist (siehe Tabelle 21).

Die geringste Bedeutung für die Einschätzung des sozialen Zusammenhalts auf lokaler Ebene besitzt das Einstellungskonstrukt „Fremdenfeindlichkeit" (B = − 0,099, p = 0,046). Die Befürwortung oder Ablehnung von Fremdenfeindlichkeit wirkt sich bei den befragten Kleinstunternehmer*innen nicht auf die Einschätzung des lokalen sozialen Zusammenhalts aus (siehe Tabelle 21).

Tabelle 21

Multiple Regressionsanalyse – Effekte der z-standardisierten Indizes „Universalismus/Traditionalismus", „Fremdenfeindlichkeit" und „Identifikation mit Verschwörungsideologien" (unabhängige Variablen) auf den z-standardisierten Index „Sozialer Zusammenhalt in lokalen Gesellschaften" (abhängige Variable) bei Kleinstunternehmer*innen (N = 650)

Prädiktoren	B	SE[1]	p
Index „Universalismus-Traditionalismus"	0,25	0,05	< 0,001
Index „Fremdenfeindlichkeit"	− 0,10	0,05	0,046
Index „Identifikation mit Verschwörungsideologien"	− 0,12	0,04	0,008
R		0,229	
R^2		0,052	

Datenquelle: FGZ-Regionalpanel 2021, eigene Auswertung.

Anmerkung:
(1) – Standardfehler

Im Hinblick auf Gefährdungswahrnehmungen des gesellschaftlichen Zusammenhalts lassen sich für die Gruppe der Kleinstunternehmer*innen dagegen deutlichere Einflüsse der Einstellungskonstrukte „Fremdenfeindlichkeit" sowie „Identifikation mit Verschwörungsideologien" beobachten. Der multiple Regressionskoeffizient beläuft sich hier auf ein R von 0,448, die Varianzaufklärung fällt moderat aus (R^2 = 0,200), wobei sich insbesondere ein Zusammenhang zum Index „Fremdenfeindlichkeit" (B = 0,28, p < 0,001) sowie zum Index „Identifikation mit Verschwörungsideologien" (B = 0,26, p < 0,001) aufzeigen lässt. Der Index „Universalismus/Traditionalismus", bei dem das Beta mit − 0,07 leicht negativ ausfällt (p = 0,107), besitzt hier keine Bedeutung (siehe Tabelle 22).

Fremdenfeindliche Einstellungsmuster als Teildimension von gruppenbezogener Menschenfeindlichkeit sowie die Identifikation mit Verschwörungsideologien sind bei Kleinstunternehmer*innen offensichtlich in recht deutlicher Weise damit verbunden, den gesellschaftlichen Zusammenhalt allgemein als gefährdet zu bewerten.

Tabelle 22

Multiple Regressionsanalyse – Effekte der z-standardisierten Indizes „Universalismus/Traditionalismus", „Fremdenfeindlichkeit" und „Identifikation mit Verschwörungsideologien" (unabhängige Variablen) auf den z-standardisierten Index „Gefährdungswahrnehmungen des gesellschaftlichen Zusammenhalts" (abhängige Variable) (N = 650)

Prädiktoren	B	SE[1]	p
Index „Universalismus-Traditionalismus"	− 0,07	0,04	0,107
Index „Fremdenfeindlichkeit"	0,28	0,05	< 0,001
Index „Identifikation mit Verschwörungsideologien"	0,26	0,04	< 0,001
R		0,448	
R^2		0,200	

Datenquelle: FGZ-Regionalpanel 2021, eigene Auswertung.

Anmerkung:
(1) – Standardfehler

I. Fazit –
Kleinstunternehmer*innen als „Avantgarde" des gesellschaftlichen Zusammenhalts?

Die hier vorgestellten Untersuchungsergebnisse verweisen darauf, dass sich die überwiegende Mehrheit der Kleinstunternehmer*innen in einer gefestigten wirtschaftlichen und sozialen Position befindet, die von ihr zugleich positiv bewertet wird. Dies betrifft insbesondere auch Aspekte der materiellen und sozialen Absicherung.

Graduelle Unterschiede bestehen hierbei im Hinblick auf die fachliche Ausrichtung der unternehmerischen Tätigkeit und die Betriebsgröße des Unternehmens. Selbstständige Freiberufler*innen und Akademiker*innen sowie Kleinstunternehmer*innen, die weitere Mitarbeiter*innen beschäftigen, erzielen häufiger höhere Einkommen.

Bei der Bewertung der eigenen wirtschaftlichen und sozialen Situation sind insgesamt große Übereinstimmungen mit der Gruppe der abhängig beschäftigten Erwerbstätigen festzustellen.

Im Hinblick auf die Ablehnung versus Befürwortung rechtspopulistischer Ansichten und Einstellungen ist zwischen Kleinstunternehmer*innen, die in neuen, eher wissensbasierten Branchen tätig sind, und Kleinstunternehmer*innen aus traditionellen Gewerben wie Handwerk, Einzelhandel und Landwirtschaft eine deutliche Polarisierung im Sinne des Sozialstruktur-Modells von Reckwitz festzustellen. Selbstständige Freiberufler*innen und Akademiker*innen vertreten liberal-universalistische Einstellungen und lehnen rechtspopulistische Ansichten und Einstellungen ab. Kleinstunternehmer*innen des Handwerks und Einzelhandels sowie der Landwirtschaft beziehen sich zumindest tendenziell eher auf traditionelle Wertvorstellungen und befürworten fremdenfeindliche Einstellungen und Verschwörungsideologien zumindest tendenziell.

Wie unsere Auswertungen aber weiter zeigen, gehen diese polarisierenden Unterschiede nicht auf den von Reckwitz angenommenen Zusammenhang zwischen der Zugehörigkeit zu einer der von ihm definierten „Klassen" und jeweils „klassenspezifischen" Einstellungs- und Werteprofilen zurück, sondern vorrangig auf Bildungseffekte. So lassen sich für beruflich Hochqualifizierte beider Gruppen im Hinblick auf rechtspopulistische Ansichten und Einstellungen nur sehr geringe Unterschiede feststellen. Sowohl die Hochqualifizierten aus den neuen, wissensbasierten Branchen als auch die Hochqualifizierten aus den traditionellen Gewerben stehen rechtspopulistischen Ansichten und Einstellungen überwiegend ablehnend gegenüber.

Auch im Hinblick auf den jeweiligen sozialräumlichen Hintergrund, welcher im Sozialstruktur-Modell von Reckwitz eine zentrale Bedeutung besitzt und an der Gegenüberstellung von urbanen Zentren bzw. Großstädten einerseits und Mittelstädten, Kleinstädten sowie dörflichen Gemeinden des ländlichen Raums andererseits festgemacht wird, sind zwischen den Hochqualifizierten beider Gruppen nur geringe Unterschiede auszumachen.

Hinsichtlich der Ablehnung versus Befürwortung rechtspopulistischer Ansichten und Einstellungen lassen sich für die Gruppe der Kleinstunternehmer*innen ferner signifikante Alterseffekte aufzeigen, bei denen es sich ggf. auch um Generationeneffekte handeln kann. Mit zunehmendem Lebensalter steigt die Befürwortung von Fremdenfeindlichkeit und Verschwörungsideologien, dies nahezu unabhängig von der jeweiligen fachlichen Ausrichtung der selbstständigen Tätigkeit.

Mit Blick auf die zentrale Frage des vorliegenden Beitrags, welche Perspektiven Kleinstunternehmer*innen zum Thema gesellschaftlicher Zusammenhalt einnehmen, lässt sich insgesamt eine eher konstruktive Haltung zu Einzelfragen des gesellschaftlichen Zusammenhalts feststellen. Der soziale Zusammenhalt auf lokaler Ebene wird von Kleinstunternehmer*innen im Vergleich zu anderen Erwerbsgruppen am positivsten bewertet. Auch sehen sie den gesellschaftlichen Zusammenhalt deutlich weniger gefährdet. Zwischen der Bewertung des sozialen Zusammenhalts auf lokaler Ebene und der Einschätzung möglicher Gefährdungen des sozialen Zusammenhalts besteht dabei kein nachweisbarer Zusammenhang. D. h., die Bewertung der „Qualität" des sozialen Zusammenhalts auf lokaler Ebene erfolgt bei Kleinstunternehmer*innen offensichtlich unabhängig davon, ob und inwieweit allgemeine Gefährdungen des sozialen Zusammenhalts gesehen werden.

Dagegen konnte deutlich gemacht werden, dass rechtspopulistische Werte und Einstellungen wie Fremdenfeindlichkeit sowie die Identifikation mit Verschwörungsideologien einen signifikanten Einfluss auf die Einschätzung möglicher Gefährdungen des sozialen Zusammenhalts ausüben. Kleinstunternehmer*innen, die fremdenfeindliche Einstellungen vertreten oder sich mit antidemokratischen Verschwörungsideologien identifizieren, bewerten den gesellschaftlichen Zusammenhalt als insgesamt gefährdet. Dies bestätigt die bereits im Rahmen anderer Untersuchungen festgestellten Ergebnisse, wonach „Gefährdungsängste" als zentrale narrative Elemente von Fremdenfeindlichkeit und Verschwörungsideologien einzustufen sind.

Insgesamt gesehen sprechen die hier vorgestellten Befunde dafür, dass sich die überwiegende Mehrheit der befragten Kleinstunternehmer*innen zentralen demokratischen Grundwerten der Bundesrepublik Deutschland sowie einer gerechten, auf demokratischen Grundprinzipien beruhenden Gestaltung des „gesellschaftlichen Miteinanders" verpflichtet fühlt.

Literaturverzeichnis

Bundesministerium für Arbeit und Soziales: Selbstständige Erwerbstätigkeit in Deutschland (Aktualisierung 2020). Kurzexpertise, Forschungsbericht 545, 2020.

Bundesministerium für Wirtschaft und Technologie (BMWi): Bericht der Bundesregierung zur Lage der Freien Berufe, Berlin 2013.

Burzan, Nicole: Balanceakte zwischen Theorie und Empirie. Kommentar zur Debatte von Nils Kumkar/Uwe Schimank und Andreas Reckwitz, in: Leviathan – Zeitschrift für Sozialwissenschaft, 49. Jg., 2/2021, S. 157–163.

Caliendo, Marco/*Künn*, Steffen/*Wießner*, Frank: Ich-AG und Überbrückungsgeld. Erfolgsgeschichte mit zu frühem Ende, Institut für Arbeitsmarkt- und Berufsforschung, IAB-Kurzbericht 9/2009.

Deitelhoff, Nicole/*Groh-Samberg*, Olaf/*Middell*, Matthias/*Schmelzle*, Cord: Gesellschaftlicher Zusammenhalt – Umrisse eines Forschungsprogramms, in: Deitelhoff, Nicole/Groh-Samberg, Olaf/Middell, Matthias (Hrsg.), Gesellschaftlicher Zusammenhalt. Ein interdisziplinärer Dialog, Campus Verlag, Frankfurt am Main 2020.

Ebbinghaus, Frank: Ausnutzung und Verdrängung. Steuerungsprobleme der SED-Mittelstandspolitik 1955–1972, Dissertation, Humboldt-Universität Berlin 2003.

Europäische Union: Amtsblatt der EU L 124/36 vom 20.05.2003.

Fachinger, Uwe: Selbständige als Grenzgänger des Arbeitsmarktes. Fragen der sozialen Sicherung, in: Gather, Claudia et al. (Hrsg.), Die Vielfalt der Selbständigkeit. Sozialwissenschaftliche Beiträge zu einer Erwerbsform im Wandel, HWR Berlin Forschung, Bd. 58/59, edition sigma, Berlin 2014, S. 111–134.

Forschungsinstitut Gesellschaftlicher Zusammenhalt (FGZ): Gründungsantrag. Förderperiode 2020–2024, 2020.

Hamel, Hannelore: Ordnungspolitische Gestaltung der Wirtschaftssysteme, in: Hamel, Hannelore (Hrsg.), Bundesrepublik Deutschland – DDR, die Wirtschaftssysteme. Soziale Marktwirtschaft und sozialistische Planwirtschaft im Systemvergleich, Beck Verlag, München 1983, S.61–115.

Hanemann, Laura: Zwischen Zeitsouveränität und Zeitpanik. Zum Lebensrhythmus der Solo-Selbstständigen, Herbert von Halem Verlag, Köln 2017.

Hippier, Hans-J./*Trometer*, Reiner: „Weiß nicht" – die vernachlässigte Kategorie?. Determinanten von Nichtantworten im ALLBUS 1982, in: Franz, Hans-Werner (Hrsg.). 22. Deutscher Soziologentag 1984, Westdeutscher Verlag GmbH, Opladen 1985.

Kaiser, Monika: 1972 – Knockout für den Mittelstand. Zum Wirken von SED, CDU, LDPD und NDPD für die Verstaatlichung der Klein- und Mittelbetriebe, Dietz Verlag, Berlin 1990.

Keck, Wolfgang (Hrsg.): CSR und Kleinstunternehmen. Die Basis bewegt sich! Management-Reihe Corporate Social Responsibility, Springer-Verlag, Berlin 2017.

Kiess, Johannes/*Feuerer*, Amelie/15 Grad Research: Vernetzt und etabliert: Unternehmerisches Engagement für die extreme Rechte in Ostsachsen, Universität Leipzig, Else-Frenkel-Institut für Demokratieforschung in Sachsen, EFBI Policy Paper 2023–1, 2023.

Kritikos, Alexander S.: Mehr Wertschätzung für Selbstständige und Kleinstunternehmen, DIW Wochenbericht 17, Vol. 87, ISSN 1860–8787, Deutsches Institut für Wirtschaftsforschung (DIW), Berlin 2020, S. 312.

Kumkar, Nils/*Schimank*, Uwe: Drei-Klassen-Gesellschaft? Bruch? Konfrontation? Eine Auseinandersetzung mit Andreas Reckwitz' Diagnose der „Spätmoderne", in: Leviathan – Zeitschrift für Sozialwissenschaft, 49. Jg., 1/2021, S. 7–32.

Lamberty, Pia/*Rees*, Jonas H.: Gefährliche Mythen: Verschwörungserzählungen als Bedrohung für die Gesellschaft, in: Zick, Andreas/Küpper, Beate (Hrsg.), Die geforderte Mitte. Rechtsextreme und demokratiegefährdende Einstellungen in Deutschland 2020/21, herausgegeben für die Friedrich-Ebert-Stiftung von Franziska Schröter, Dietz-Verlag, Bonn 2021, S. 283–290.

Mau, Steffen: Konturen einer neuen Klassengesellschaft? Einige Anmerkungen zur Konzeption der Mittelklasse bei Andreas Reckwitz, in: Leviathan – Zeitschrift für Sozialwissenschaft, 49. Jg., 2/2021, S. 164–173.

Nachtwey, Oliver: Klassen und Klassenkonflikte – Anmerkungen zu Andreas Reckwitz, in: Leviathan – Zeitschrift für Sozialwissenschaft, 49. Jg., 2/2021, S. 174–180.

Organisation for Economic Co-operation and Development (OECD): Growing Unequal? Income Distribution and Poverty in OECD Countries, Paris 2008.

Paraskewopoulos, Spiridon: Von der sozialistischen Zentralverwaltungswirtschaft über die Treuhand zur sozialen Marktwirtschaft, in: Heydemann, Günther/Paqué, Karl-Heinz (Hrsg.), Planwirtschaft – Privatisierung – Marktwirtschaft. Wirtschaftsordnung und -entwicklung in der SBZ/DDR und den neuen Bundesländern 1945–1994, Göttingen 2017.

Reckwitz, Andreas: Das Ende der Illusionen. Politik, Ökonomie und Kultur in der Spätmoderne, Berlin 2019.

Reckwitz, Andreas: Auf der Suche nach der neuen Mittelklasse – Replik auf Nils Kumkar und Uwe Schimank, in: Leviathan – Zeitschrift für Sozialwissenschaft, 49. Jg., 1/2021, S. 33–61.

Rees, Jonas/*Lamberty*, Pia: Mitreißende Wahrheiten: Verschwörungsmythen als Gefahr für den gesellschaftlichen Zusammenhalt, 2019.

Sachweh, Patrick: Klassen und Klassenkonflikte in der postindustriellen Gesellschaft. Soziale Spaltungen und soziokulturelle Polarisierung in den Mittelklassen, in: Leviathan – Zeitschrift für Sozialwissenschaft, 49. Jg., 2/2021, S. 181–188.

Sackmann, Reinhold/*Mayer*, Ina: Raummuster sozialen Zusammenhalts in Deutschland, in: Sackmann, Reinhold/Dirksmeier, Peter/Rees, Jonas/Vogel, Berthold (Hrsg.), Sozialer Zusammenhalt vor Ort. Analysen regionaler Mechanismen, Campus Verlag, 2024, S. 37–55.

Sackmann, Reinhold/*Rees*, Jonas/*Hartl*, Jakob: Methodische Grundlagen des Regionalpanels, in: Sackmann, Reinhold/Dirksmeier, Peter/Rees, Jonas/Vogel, Berthold (Hrsg.), Sozialer Zusammenhalt vor Ort. Analysen regionaler Mechanismen, Campus Verlag, 2024, S. 21–35.

Sauer, Stefan/*Wohlrabe*, Klaus: Das neue Geschäftsklima für Soloselbständige und Kleinstunternehmen, ifo Schnelldienst, Vol. 75, Iss. 01, ISSN 0018–974X, ifo Institut – Leibniz-Institut für Wirtschaftsforschung an der Universität München e. V., München 2022, S. 46–48.

Stracke, Stefan/*Drews*, Ulrike/*Drews*, Johannes G.: Wissen, wo Unternehmen und Beschäftigte stehen: Analyse der Ausgangssituation, in: Nerdinger, Friedemann W./Wilke, Peter/Stracke, Stefan/Drews, Ulrike (Hrsg.), Innovation und Personalarbeit im demografischen Wandel. Ein Handbuch für Unternehmen, Springer Fachmedien, Wiesbaden 2016.

Task Force FGZ-Datenzentrum: Gefährdeter Zusammenhalt? Polarisierungs- und Spaltungstendenzen in Deutschland, SOCIUM/Forschungsinstitut Gesellschaftlicher Zusammenhalt, Bremen 2022.

Teichler, Nils/*Gerlitz*, Jean-Yves/*Cornesse*, Carina/*Dilger*, Clara/*Groh-Samberg*, Olaf/*Lengfeld*, Holger/*Nissen*, Eric/*Reinecke*, Jost/*Skolarski*, Stephan/*Traunmüller*, Richard/*Verneuer-Emre*, Lena: Entkoppelte Lebenswelten? Soziale Beziehungen und gesellschaftlicher Zusammenhalt in Deutschland. Erster Zusammenhaltsbericht des FGZ, SOCIUM/Forschungsinstitut Gesellschaftlicher Zusammenhalt, Bremen 2023, https://media.suub.uni-bremen.de/handle/elib/7198.

Urwin, Peter: Self-Employment, Small firms and Enterprise, Institute of Economic Affairs, London 2011.

Winkler, Heinrich A.: Mittelstand, Demokratie und Nationalsozialismus. Die politische Entwicklung von Handwerk und Kleinhandel in der Weimarer Republik, Kiepenheuer und Witsch, Köln 1972.

Zick, Andreas/*Klein*, Anna: Fragile Mitte – Feindselige Zustände. Rechtsextreme Einstellungen in Deutschland, herausgegeben für die Friedrich-Ebert-Stiftung von Ralf Melzer, Dietz-Verlag, Bonn 2014.

Zick, Andreas/*Küpper*, Beate/*Krause*, Daniela: Gespaltene Mitte. Feindselige Zustände. Rechtsextreme Einstellungen in Deutschland 2016, herausgegeben für die Friedrich-Ebert-Stiftung von Ralf Melzer. Dietz-Verlag, Bonn 2016.

Zick, Andreas/*Küpper*, Beate (Hrsg.): Die geforderte Mitte. Rechtsextreme und demokratiegefährdende Einstellungen in Deutschland 2020/21, herausgegeben für die Friedrich-Ebert-Stiftung von Franziska Schröter, Dietz-Verlag, Bonn 2021.

Anhang

Tabellen

Tabelle 5
Hauptkomponentenanalyse – Kommunalitäten

Item[1]	Anfänglich	Extraktion
33a)	1	0,794
33b)	1	0,743
33c)	1	0,765
33d)	1	0,642
33e)	1	0,77
33f)	1	0,815
33g)	1	0,713
33h)	1	0,573
35a)	1	0,794
35b)	1	0,698
35c)	1	0,823
35d)	1	0,735
35e)	1	0,835
35f)	1	0,722

Datenquelle: FGZ-Regionalpanel 2021, eigene Auswertung.

Anmerkung:
(1) z-standardisierte Werte

Tabelle 6

Hauptkomponentenanalyse – Eigenwerte und Varianzaufklärung

Komponente	Anfängliche Eigenwerte			Erklärte Gesamtvarianz Summen von quadrierten Faktorladungen für Extraktion			Rotierte Summe der quadrierten Ladungen		
	Gesamt	% der Varianz	Kumulierte %	Gesamt	% der Varianz	Kumulierte %	Gesamt	% der Varianz	Kumulierte %
1	5,786	41,331	41,331	5,786	41,331	41,331	3,081	22,005	22,005
2	1,978	14,13	55,46	1,978	14,13	55,46	2,63	18,785	40,789
3	1,405	10,038	65,498	1,405	10,038	65,498	2,478	17,702	58,491
4	1,253	8,95	74,448	1,253	8,95	74,448	2,234	15,957	74,448
5	0,62	4,431	78,879						
6	0,558	3,988	82,868						
7	0,437	3,124	85,992						
8	0,392	2,801	88,792						
9	0,341	2,438	91,231						
10	0,291	2,075	93,306						
11	0,267	1,909	95,214						
12	0,255	1,821	97,035						
13	0,245	1,749	98,784						
14	0,17	1,216	100						

Datenquelle: FGZ-Regionalpanel 2021, eigene Auswertung.

Abbildungen

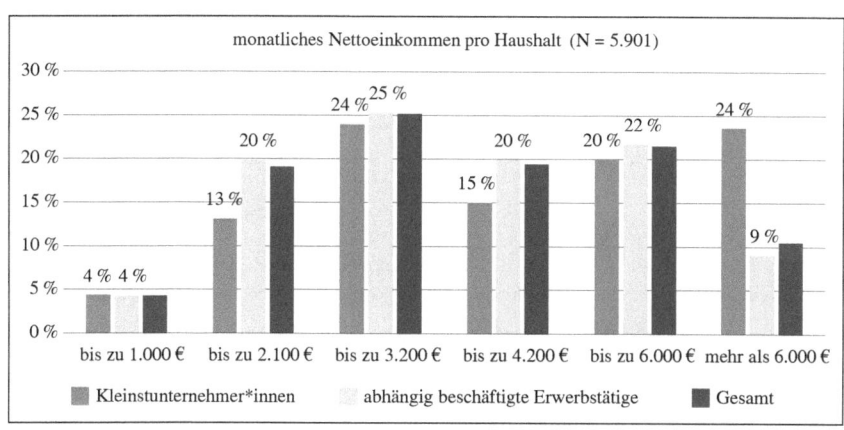

Datenquelle: FGZ-Regionalpanel 2021, eigene Auswertung und Darstellung.

Anmerkung:
Pearson-Chi-Quadrat: χ^2 (5) = 122,712, p < 0,001

Abbildung 1: Verfügbares monatliches Nettoeinkommen pro Haushalt
nach Erwerbsstatus (in Prozent)

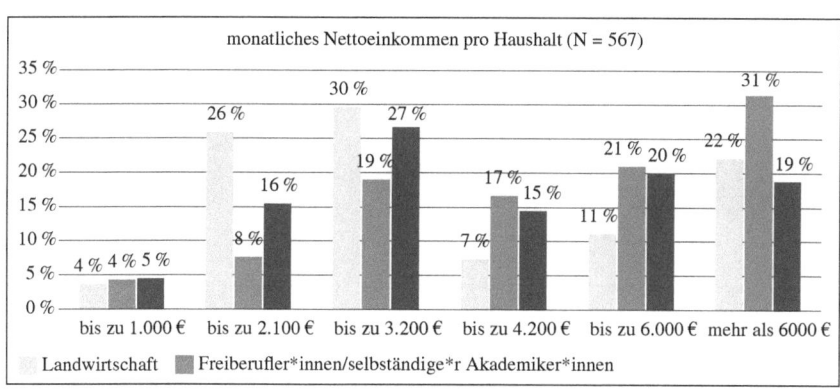

Datenquelle: FGZ-Regionalpanel 2021, eigene Auswertung und Darstellung.

Anmerkung:
Pearson-Chi-Quadrat: χ^2 (10) = 24,510, p = 0,006

Abbildung 2: Verfügbares monatliches Nettoeinkommen pro Haushalt
nach Form der selbstständigen Tätigkeit (in Prozent)

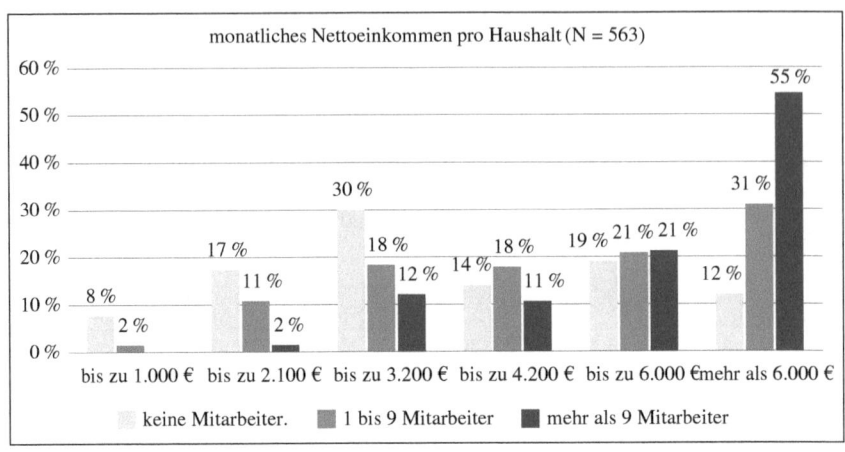

Datenquelle: FGZ-Regionalpanel 2021, eigene Auswertung und Darstellung.

Anmerkung:
Pearson-Chi-Quadrat: χ^2 (10) = 86,738, p < 0,001

Abbildung 3: Verfügbares monatliches Nettoeinkommen pro Haushalt
nach Betriebsgröße des Unternehmens (in Prozent)

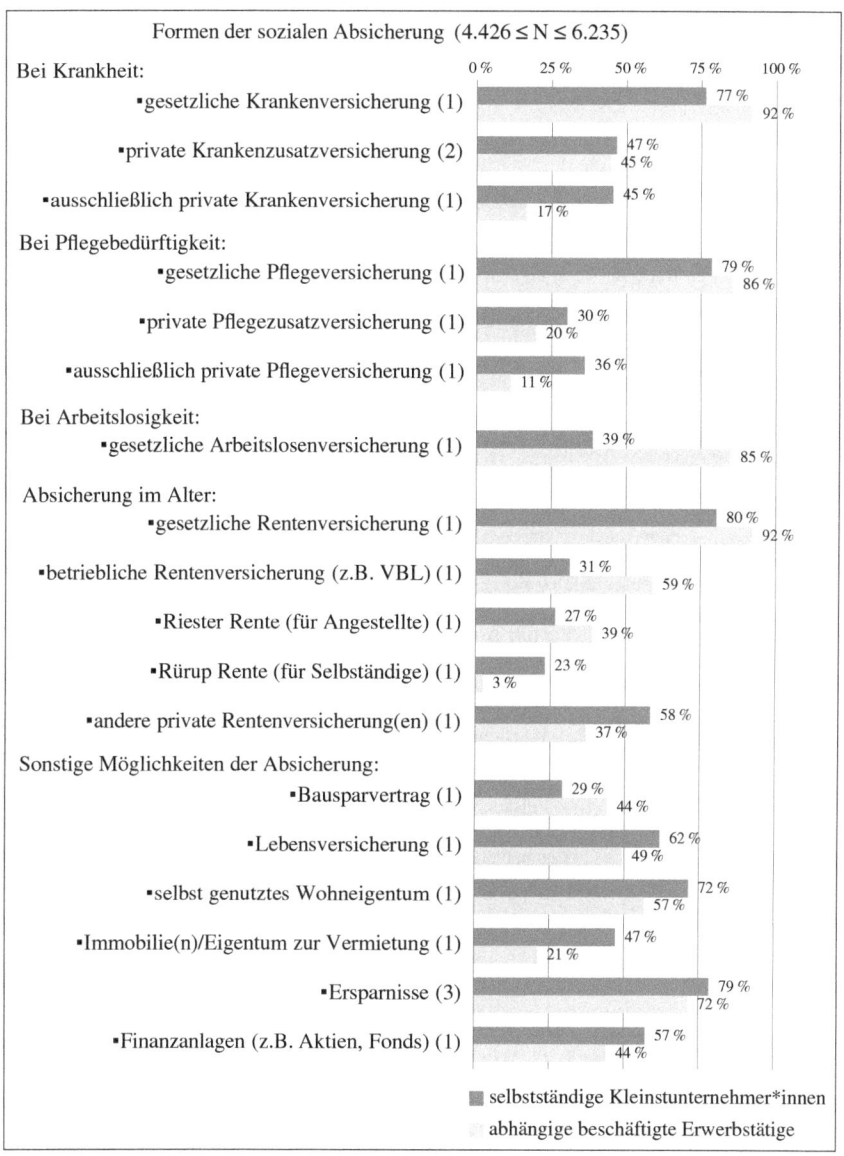

Abbildung 4: Formen der sozialen Absicherung nach Erwerbsstatus (in Prozent)

Datenquelle: FGZ-Regionalpanel 2021, eigene Auswertung und Darstellung.

Anmerkungen:
Signifikanz, 2-seitig (Pearson-Chi-Quadrat):
(1) p < 0,001   (2) p = 0,613   (3) p = 0,007

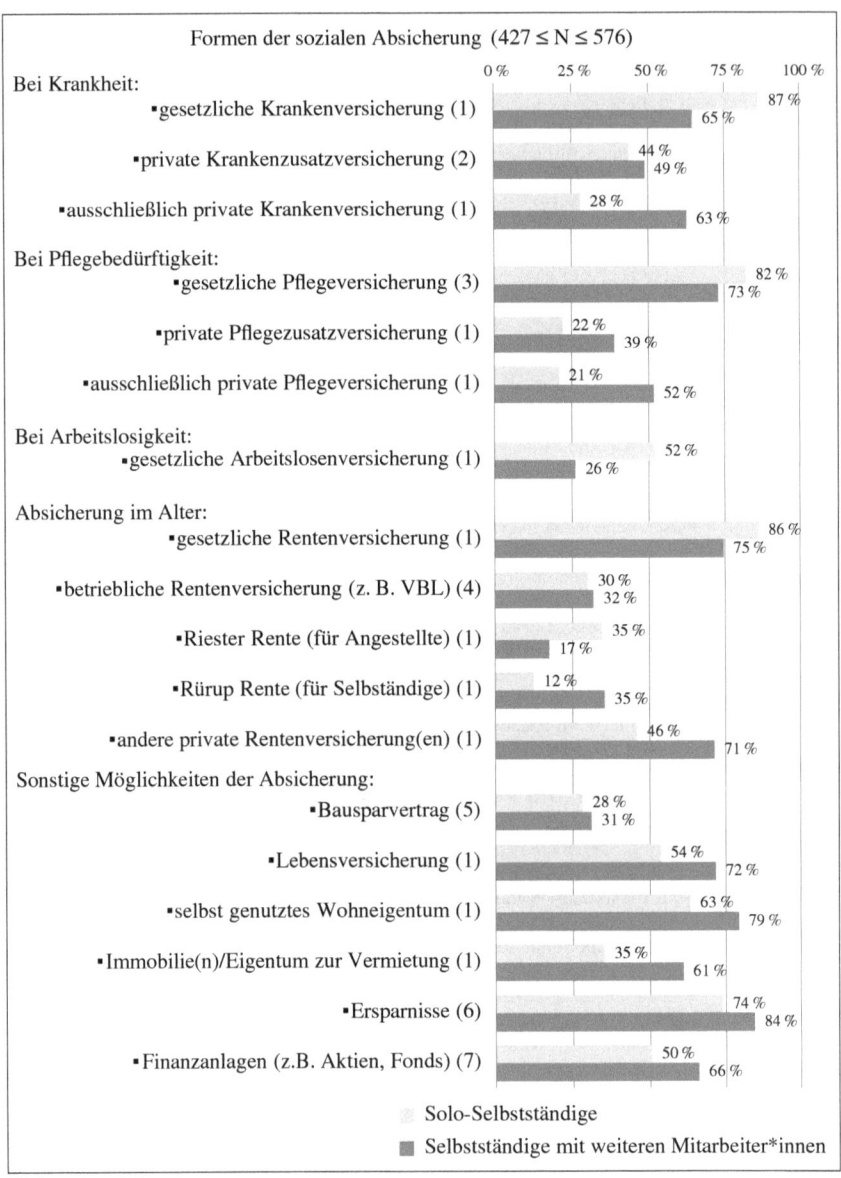

Formen der sozialen Absicherung (427 ≤ N ≤ 576)

Datenquelle: FGZ-Regionalpanel 2021, eigene Auswertung und Darstellung.

Anmerkungen:
Signifikanz, 2-seitig (Pearson-Chi-Quadrat):
(1) p < 0,001   (2) p = 0,384   (3) p = 0,008   (4) p = 0,786   (5) p = 0,797   (6) p = 0,006   (7) p = 0,002

Abbildung 5: Formen der sozialen Absicherung bei Solo-Selbstständigen
und Selbstständigen mit Beschäftigten (in Prozent)

Anlage 1: Fragebogen, FGZ-Regionalpanel 2021:
Was hält uns zusammen? Umfrage des Forschungsinstitutes
Gesellschaftlicher Zusammenhalt (gekürzte Fassung)

Hinweise zum Beantworten der Fragen

Bei den folgenden Fragen gibt es keine „richtigen" oder „falschen" Antworten. Antworten Sie bei der Bearbeitung des Fragebogens bitte so, wie es Ihrer Person am ehesten entspricht.

Verwenden Sie bitte einen dünnen schwarzen oder blauen Stift. Schreiben Sie bitte nicht über die vorgegebenen Kästchen und Zeilen.

Die meisten Fragen beantworten Sie durch Ankreuzen. Setzen Sie das Kreuz in das zutreffende Kästchen:

bitte so: ⊗   nicht so: ◑ ⊗

Manche Fragen beantworten Sie mit einer Zahlenangabe:

bitte so: 1   2 3   4   nicht so: 1   2 3   4

Nur wenige Fragen erfordern eine ausführliche schriftliche Angabe. Verwenden Sie dann bitte Blockbuchstaben:

bitte so: BEISPIEL   nicht so: Beispiel

Aus Platzgründen verwenden wir in diesem Fragebogen nur die kürzere, männliche Form.

1.   Wie stark fühlen Sie sich mit der Europäischen Union gefühlsmäßig verbunden?

Sehr stark	Stark	Teils-teils	Schwach	Sehr schwach	Weiß nicht
O	O	O	O	O	O

2.   Wie stark fühlen Sie sich mit Deutschland gefühlsmäßig verbunden?

Sehr stark	Stark	Teils-teils	Schwach	Sehr schwach	Weiß nicht
O	O	O	O	O	O

3.   Wie stark fühlen Sie sich mit Sachsen-Anhalt gefühlsmäßig verbunden?

Sehr stark	Stark	Teils-teils	Schwach	Sehr schwach	Weiß nicht
O	O	O	O	O	O

4.   Wie stark fühlen Sie sich mit Magdeburg gefühlsmäßig verbunden?

Sehr stark	Stark	Teils-teils	Schwach	Sehr schwach	Weiß nicht
O	O	O	O	O	O

5. Wie zufrieden sind Sie jeweils mit den folgenden Angeboten an Ihrem Wohnort?

	Sehr zufrie-den	Zufrie-den	Teils-teils	Unzu-frieden	Sehr unzu-frieden	Weiß nicht
Mobilität mit Bus und Bahn	○	○	○	○	○	○
Ärztliche Versorgung	○	○	○	○	○	○
Kinderbetreuung	○	○	○	○	○	○
Schulen	○	○	○	○	○	○
Versorgung für ältere Pfle-gebedürftige	○	○	○	○	○	○
Möglichkeiten für Sport und Außenaktivitäten	○	○	○	○	○	○
Kulturelle Angebote	○	○	○	○	○	○
Spiel- und Freizeitmöglich-keiten für Kinder und Ju-gendliche	○	○	○	○	○	○
Freizeitangebot speziell für Ältere	○	○	○	○	○	○
Einkaufsmöglichkeiten	○	○	○	○	○	○
Apotheken	○	○	○	○	○	○
Behörden / öffentliche Ver-waltung	○	○	○	○	○	○
Bankfiliale	○	○	○	○	○	○
Beratungsstellen	○	○	○	○	○	○
Sicherheit im öffentlichen Raum	○	○	○	○	○	○
Sauberkeit im öffentlichen Raum	○	○	○	○	○	○
Bezahlbare Wohnungen und Bauflächen	○	○	○	○	○	○
Schnelle, stabile Internet-verbindung	○	○	○	○	○	○

5

6. Wie hat sich jeweils Ihre Zufriedenheit mit den folgenden Angeboten **in den letzten Jahren verändert**?

	Ver-bessert	Etwas verbes-sert	Unver-ändert	Etwas ver-schlech-tert	Ver-schlech-tert	weiß nicht
Mobilität mit Bus und Bahn	O	O	O	O	O	O
Ärztliche Versorgung	O	O	O	O	O	O
Kinderbetreuung	O	O	O	O	O	O
Schulen	O	O	O	O	O	O
Versorgung für ältere Pflegebedürftige	O	O	O	O	O	O
Möglichkeiten für Sport und Außenaktivitäten	O	O	O	O	O	O
Kulturelle Angebote	O	O	O	O	O	O
Spiel- und Freizeitmög-lichkeiten für Kinder und Jugendliche	O	O	O	O	O	O
Freizeitangebot speziell für Ältere	O	O	O	O	O	O
Einkaufsmöglichkeiten	O	O	O	O	O	O
Apotheken	O	O	O	O	O	O
Behörden / öffentliche Verwaltung	O	O	O	O	O	O
Bankfiliale	O	O	O	O	O	O
Beratungsstellen	O	O	O	O	O	O
Sicherheit im öffentli-chen Raum	O	O	O	O	O	O
Sauberkeit im öffentli-chen Raum	O	O	O	O	O	O
Bezahlbare Wohnungen und Bauflächen	O	O	O	O	O	O
Schnelle, stabile Inter-netverbindung	O	O	O	O	O	O

7. Wir haben Ihnen einige Medienangebote aufgelistet. Bitte geben Sie an, wie häufig Sie diese im letzten Monat genutzt haben, um sich über das Geschehen in der Stadt oder Region, in der Sie leben, zu informieren.

	(In etwa) Täglich	(In etwa) Wöchentlich	Seltener	Nie	Weiß nicht
Eine regionale Tageszeitung (z.B. Volksstimme), egal ob gedruckt oder online bzw. via App	○	○	○	○	○
Einen regionalen öffentlich-rechtlichen Radiosender (z.B. MDR Sachsen-Anhalt), auch online, via App oder Mediathek	○	○	○	○	○
Einen privaten Radiosender (z.B. Radio SAW), auch online, via App oder Mediathek	○	○	○	○	○
Einen regionalen öffentlich-rechtlichen Fernsehsender (z.B. MDR), auch online, via App oder Mediathek	○	○	○	○	○
Einen privaten Fernsehsender (z.B. MDF.1), auch online, via App oder Mediathek	○	○	○	○	○
YouTube	○	○	○	○	○
Ein soziales Netzwerk (z.B. Facebook, Instagram oder Twitter)	○	○	○	○	○
Regionale Anzeigenblätter oder Gratiszeitungen	○	○	○	○	○

Nun würden wir Ihnen gerne einige Fragen zum Leben in Ihrer Nachbarschaft stellen.

8. Wie vielen Nachbarn könnten Sie Ihren Wohnungsschlüssel anvertrauen?

○ Niemandem
○ Einem
○ Einigen
○ Allen
○ Weiß nicht

9. Ich bleibe regelmäßig mal stehen und rede mit Nachbarn.

Oft	Gelegentlich	Selten	Nie	Weiß nicht
O	O	O	O	O

10. Wie sehr stimmen Sie den folgenden Aussagen zu?

	Stimme voll und ganz zu	Stimme eher zu	Teils-teils	Stimme eher nicht zu	Stimme überhaupt nicht zu	Weiß nicht
Menschen in dieser Nachbarschaft sind bereit, einander zu helfen.	O	O	O	O	O	O
Dies ist eine eng verbundene Nachbarschaft.	O	O	O	O	O	O
Man kann Menschen in dieser Nachbarschaft vertrauen.	O	O	O	O	O	O
Menschen in dieser Nachbarschaft kommen generell nicht gut miteinander aus.	O	O	O	O	O	O
Ich fühle mich in meiner Nachbarschaft zu Hause.	O	O	O	O	O	O
Ich fühle mich wie ein Fremder in meiner Nachbarschaft.	O	O	O	O	O	O
Ich bin fest in meiner Nachbarschaft verwurzelt.	O	O	O	O	O	O

11. Bezugnehmend auf den **Stadtteil**, in dem Sie leben: Haben Sie dort in der letzten, eher ungewöhnlichen Woche persönlichen Kontakt zu einer der folgenden Personengruppen gehabt z.B. in Form eines Grußes oder einer Unterhaltung?

Kontakt zu…	Ja	Nein
… Familienmitgliedern oder Verwandten	O	O
… Freunden oder Bekannten	O	O
… Nachbarn	O	O
… Vereinskollegen (z. B. vom Sport, Hobby oder Ehrenamt)	O	O
… Arbeitskollegen	O	O
… Fremden	O	O

12. Mit wie vielen Personen hatten Sie in der **letzten Woche** insgesamt persönlichen Kontakt? Bitte schätzen Sie die Anzahl.   _ _

13. Mit wie vielen Personen haben Sie sich in der **letzten Woche** in ihrem **Stadtteil** geplant getroffen z.B. zum Essen oder für einen Spaziergang? Bitte schätzen Sie die Anzahl.   _ _

14. Wie viele Ihrer besten drei Freunde leben in Ihrem **Wohnort**?

○ Keine/r
○ Eine/r
○ Zwei
○ Drei
○ Weiß nicht
○ Ich habe keine besten Freunde

15. Welche der nachfolgend genannten Tätigkeiten führen Sie normalerweise wie oft in Ihrem **Stadtteil** aus?

	Täglich	Mehrmals die Woche	Einmal die Woche	Mehrmals im Monat	Seltener	Nie	Weiß nicht
Einkaufen/ Alltagsbesorgungen machen	○	○	○	○	○	○	○
Kioske aufsuchen	○	○	○	○	○	○	○
Essen und Trinken gehen z.B. in Restaurants oder Cafés	○	○	○	○	○	○	○
Ausgehen, z. B. in Bars oder Kneipen	○	○	○	○	○	○	○
Ehrenamtlich engagieren z.B. in der Politik und in Glaubensgemeinschaften	○	○	○	○	○	○	○
Freizeit verbringen, im Verein tätig sein z.B. Sport treiben	○	○	○	○	○	○	○
Kulturveranstaltungen besuchen z.B. Theater, Musikkonzert, Museum	○	○	○	○	○	○	○

9

Stellen Sie sich bitte folgende Ereignisse vor, die so oder so ähnlich in Ihrem Wohn-
gebiet passieren könnten. Für wie wahrscheinlich halten Sie es, dass jemand aus
Ihrer Nachbarschaft auf irgendeine Art und Weise dagegen einschreitet?

16. Die nächstgelegene Grundschule ist aus Haushaltsgründen von Schließung be-
    droht.

Sehr wahr- scheinlich	Eher wahr- scheinlich	Teils-teils	Eher unwahr- scheinlich	Sehr unwahr- scheinlich	Weiß nicht
○	○	○	○	○	○

17. Personen beschädigen mutwillig Postkästen, Mülleimer, Pflanzen oder Ähnliches.

Sehr wahr- scheinlich	Eher wahr- scheinlich	Teils-teils	Eher unwahr- scheinlich	Sehr unwahr- scheinlich	Weiß nicht
○	○	○	○	○	○

18. Haben Sie jemals irgendetwas unternommen, um eine lokale Entscheidung (z.B.
    Stadtrat, Bauplanung usw.) zu beeinflussen?

Oft	Gelegentlich	Selten	Nie	Weiß nicht
○	○	○	○	○

19. Würden Sie sagen, dass es in Ihrem **Wohnort** Orte gibt, …

	Sehr viele	Viele	Einige	We- nige	Über- haupt keine	Weiß nicht
…an denen Sie selbst ein star- kes Gefühl von Zusammenhalt mit anderen Menschen erle- ben?	○	○	○	○	○	○
…an denen Sie persönlich sich besonders unwohl fühlen oder die Sie aktiv vermeiden?	○	○	○	○	○	○

20. Gibt es in der Geschichte Ihres Wohnortes ein Ereignis, das Sie persönlich mit
    besonders starkem oder mit **fehlendem** Zusammenhalt zwischen Menschen
    verbinden? Wenn ja, welches?

▶Wenn Sie kein Ereignis eingetragen haben, gehen Sie bitte gleich zu Frage 24.

10

21. Was würden Sie sagen, war dieses Ereignis…

Besonders positiv	Eher positiv	Teils positiv, teils negativ	Eher negativ	Besonders negativ	Weiß nicht
◯	◯	◯	◯	◯	◯

22. Was würden Sie sagen, wie viel Zusammenhalt haben die Menschen in Ihrem Wohnort bei diesem Ereignis gezeigt…

Besonders viel	Eher viel	Teils-teils	Eher wenig	Besonders wenig	Weiß nicht
◯	◯	◯	◯	◯	◯

23. Wie stark ist Ihr persönlicher Bezug zu diesem Ereignis?

Sehr stark	Eher stark	Teils-teils	Eher nicht stark	Überhaupt nicht stark	Weiß nicht
◯	◯	◯	◯	◯	◯

24. Wie häufig fühlen **Sie selbst** sich in Ihrem Alltag im Allgemeinen aufgrund von Merkmalen wie Geschlecht, Hautfarbe, Religion, finanzieller Situation oder anderer Merkmale diskriminiert?

Sehr häufig	Eher häufig	Manchmal	Eher selten	Nie	Weiß nicht
◯	◯	◯	◯	◯	◯

25. Würden Sie sagen, dass **andere Menschen** in Magdeburg häufig aufgrund von Merkmalen wie Geschlecht, Hautfarbe, Religion, finanzieller Situation oder anderer Merkmale diskriminiert werden?

Sehr häufig	Eher häufig	Manchmal	Eher selten	Nie	Weiß nicht
◯	◯	◯	◯	◯	◯

➡ *Wenn Sie Frage 25 mit „nie" beantwortet haben, gehen Sie bitte zu* **Frage 27**

26. Falls Sie sich in Magdeburg diskriminiert fühlen, auf Grund welcher Merkmale fühlen Sie sich **insbesondere** diskriminiert?

27. Würden Sie sagen, dass sich viele Menschen in Magdeburg aktiv gegen Diskriminierung engagieren?

Sehr viele	Viele	Einige	Wenige	Überhaupt keine	Weiß nicht
◯	◯	◯	◯	◯	◯

11

28. Seit wann wohnen Sie in Ihrer jetzigen Wohnung/Ihrem jetzigen Haus?

_ _ _ _ (Jahr) **Bitte geben Sie das Jahr an.**

29. Wenn Sie an die wirtschaftliche Lage in Magdeburg denken: Glauben Sie, dass es den Menschen, die in den letzten Jahren aus Magdeburg weggezogen sind, besser geht als den hier Gebliebenen?"

○ Den Weggezogenen geht es sehr viel besser als den Gebliebenen.
○ Den Weggezogenen geht es besser als den Gebliebenen.
○ Den Weggezogenen geht es genauso gut wie den Gebliebenen.
○ Den Weggezogenen geht es schlechter als den Gebliebenen.
○ Den Weggezogenen geht es sehr viel schlechter als den Gebliebenen.
○ Weiß nicht

30. Im Vergleich dazu, wie andere Menschen hier in Deutschland leben: Glauben Sie, dass Sie persönlich Ihren gerechten Anteil erhalten? Oder erhalten Sie persönlich mehr oder weniger als Ihren gerechten Anteil?
Ich persönlich erhalte...

○ ...viel weniger als meinen gerechten Anteil.
○ ...etwas weniger als meinen gerechten Anteil.
○ ...meinen gerechten Anteil.
○ ...etwas mehr als meinen gerechten Anteil.
○ ...viel mehr als meinen gerechten Anteil.
○ Weiß nicht

31. Wie schätzen Sie die wirtschaftliche Lage von Deutschen im Vergleich zu Ausländern ein, die in Deutschland leben?

○ Den Deutschen geht es sehr viel besser als den Ausländern in Deutschland.
○ Den Deutschen geht es besser als den Ausländern in Deutschland.
○ Den Deutschen geht es genauso gut wie den Ausländern in Deutschland.
○ Den Deutschen geht es schlechter als den Ausländern in Deutschland.
○ Den Deutschen geht es sehr viel schlechter als den Ausländern in Deutschland.
○ Weiß nicht

32. Glauben Sie, dass die meisten Menschen versuchen, Sie auszunutzen, wenn sie die Gelegenheit dazu haben?

Ja, voll und ganz	Ja, eher schon	Teils-teils	Nein, eher nicht	Nein, ganz und gar nicht	Weiß nicht
○	○	○	○	○	○

12

33. Inwiefern stimmen Sie den folgenden Aussagen zu?

	Stimme voll-kom-men zu	Stimme eher zu	Teils-teils	Stimme eher nicht zu	Stimme nicht zu	Weiß nicht
Die Tradition Deutschlands zu pflegen ist mir wichtig.	○	○	○	○	○	○
Ich versuche, mich an die Sitten und Gebräuche zu halten, die mir überliefert wurden.	○	○	○	○	○	○
Deutschland hat seine eigene Kultur und Werte, die es unbedingt schützen muss.	○	○	○	○	○	○
Ich schätze die Vielfalt von Lebensstilen, Kulturen und Religionen in Deutschland.	○	○	○	○	○	○
Die Gesellschaft fällt eigentlich immer mehr auseinander.	○	○	○	○	○	○
Der gesellschaftliche Zusammenhalt in Deutschland ist gefährdet.	○	○	○	○	○	○
Zu viele kulturelle Unterschiede schaden dem Zusammenhalt der Deutschen.	○	○	○	○	○	○
Die sozialen Ungleichheiten in Deutschland sind so groß, dass sie den Zusammenhalt gefährden.	○	○	○	○	○	○

34. Wie zufrieden sind Sie gegenwärtig, alles in allem…

	Sehr zufrie-den	Eher zufrie-den	Teils-teils	Eher nicht zufrie-den	Über-haupt nicht	Weiß nicht
…mit Ihrem Leben?	○	○	○	○	○	○
…mit Ihrer psychischen Gesundheit?	○	○	○	○	○	○

35. Wie sehr stimmen Sie den folgenden Aussagen zu?

	Stimme voll und ganz zu	Stimme eher zu	Teils-teils	Stimme eher nicht zu	Stimme überhaupt nicht zu	Weiß nicht
Es leben zu viele Ausländer in Deutschland.	O	O	O	O	O	O
Wenn Arbeitsplätze knapp werden, sollte man die Ausländer wieder in ihre Heimat zurückschicken.	O	O	O	O	O	O
Die Bundesrepublik ist durch die vielen Ausländer in einem gefährlichen Maße überfremdet.	O	O	O	O	O	O
Es gibt geheime Organisationen, die großen Einfluss auf politische Entscheidungen haben.	O	O	O	O	O	O
Politiker und andere Führungspersönlichkeiten sind nur Marionetten der dahinterstehenden Mächte.	O	O	O	O	O	O
Die Medien und die Politik stecken unter einer Decke.	O	O	O	O	O	O
Ich vertraue Experten mehr als meinen Gefühlen.	O	O	O	O	O	O

36. Sind Sie in den letzten 5 Jahren umgezogen?

O Ja   O Nein   ➡ *Frage 38!*

⬇ *Frage 37!*   O Ich bin noch nie aus Magdeburg weggezogen   ➡ *Frage 38!*

37. Wohin sind Sie in den letzten 5 Jahren umgezogen? (auch Umzüge im gleichen Ort. Wenn Sie mehr als fünf Mal umgezogen sind, nutzen Sie bitte die letzte Seite (S. 20) zum Ausfüllen.)

	Ort		Ort		Jahr
von		nach		in	
von		nach		in	
von		nach		in	
von		nach		in	
von		nach		in	

Zum Schluss hätten wir noch ein paar Fragen zu Ihrer Person:

38. Bitte geben Sie Ihr Geschlecht an:

○ weiblich   ○ männlich   ○ divers

39. In welchem Jahr sind Sie geboren?

_ _ _ _ (Jahr) **Bitte geben Sie das Jahr an.**

40. Welchen höchsten Schulabschluss haben Sie?

○ noch in der Schulausbildung ➡ *gehen Sie bitte gleich zu* **Frage 45!**
○ Schule ohne Abschluss beendet
○ Volks- /Hauptschulabschluss bzw. POS 8. bzw. 9. Klasse
○ Mittlere Reife, Realschulabschluss, POS 10. Klasse
○ Fachhochschulreife (Abschluss einer Fachoberschule etc.)
○ Abitur bzw. EOS mit Abschluss 12. Klasse (Hochschulreife)
○ einen anderen Abschluss

41. Welchen höchsten beruflichen Ausbildungsabschluss haben Sie?

○ noch in der beruflichen Ausbildung/Lehre/Volontariat/Praktikum/Studium ➡ *gehen Sie bitte gleich zu* **Frage 45!**
○ keine abgeschlossene Berufsausbildung
○ Teilfacharbeiter/in
○ Facharbeiter/in, abgeschlossene Berufsausbildung
○ Meister/in oder vergleichbare Zusatzqualifikation
○ Fachschulabschluss
○ Hochschulabschluss
○ einen anderen Abschluss

15

42. Üben Sie derzeit eine Erwerbstätigkeit aus? Was trifft für Sie zu? (Rentner oder Personen im Bundesfreiwilligendienst, die zusätzlich eine Erwerbstätigkeit ausüben, geben hier bitte die Erwerbstätigkeit an)

○ Voll erwerbstätig

○ In Teilzeitbeschäftigung

gehen Sie bitte weiter zu **Frage 43!**

○ Geringfügig oder unregelmäßig erwerbstätig

○ In Altersteilzeit mit Arbeitszeit Null

○ Im Freiwilligen Sozialen / Ökologischen Jahr, im Bundesfreiwilligendienst

gehen Sie bitte gleich zu **Frage 45!**

○ Arbeitslos, arbeitssuchend

○ Nicht erwerbstätig

43. Sind Sie selbständig erwerbstätig? Was trifft auf Sie zu?

○ Nein, ich bin nicht selbständig erwerbstätig.

○ Ja, ich bin selbstständiger Landwirt.

○ Ja, ich bin Freiberufler, selbständiger Akademiker.

○ Ja, ich bin sonstiger Selbständiger.

44. Wie viele Mitarbeiter beschäftigen Sie?

○ Ich habe keine Mitarbeiter.

○ Ich habe 1 – 9 Mitarbeiter.

○ Ich habe 10 oder mehr Mitarbeiter.

○ Ja, ich bin mithelfender Familienangehöriger.

45. Haben Sie die deutsche Staatsangehörigkeit?

○ Ja   ○ Nein

46. Wo liegt ihr Geburtsort heute?

○ In Deutschland

○ Außerhalb Deutschlands

○ Weiß nicht

47. Wo liegt der Geburtsort Ihrer Eltern heute?

1. Elternteil	2. Elternteil
○ In Deutschland	○ In Deutschland
○ Außerhalb Deutschlands	○ Außerhalb Deutschlands
○ Weiß nicht	○ Weiß nicht

16

48. Wie ist Ihr Familienstand?

- ○ Verheiratet oder eingetragene Lebensgemeinschaft
- ○ Ledig
- ○ Geschieden, verwitwet
- ○ Weiß nicht

49. Wie viele Personen der folgenden Altersgruppen, einschließlich Sie selbst, leben in Ihrem Haushalt? (Wenn Sie in einer Wohngemeinschaft leben, geben Sie die Zahl aller Mitglieder der Wohngemeinschaft an)

____	unter 3 Jahren	____	zwischen 14 bis 18 Jahren
____	zwischen 3 bis 5 Jahren	____	über 18 Jahren
____	zwischen 6 bis 13 Jahren	____	Insgesamt

50. Welche Formen der sozialen Absicherung nutzen Sie bzw. auf welche Formen der sozialen Absicherung können Sie im Notfall zurückgreifen?

	Vorhanden/ kann genutzt werden	Nicht vorhanden	Weiß nicht
Bei Krankheit			
gesetzliche Krankenversicherung (z. B. AOK, Barmer, TK)	O	O	O
private Krankenzusatzversicherung (z. B. für Zahnersatz)	O	O	O
ausschließlich private Krankenversicherung	O	O	O
Bei Pflegebedürftigkeit			
gesetzliche Pflegeversicherung	O	O	O
private Pflegezusatzversicherung	O	O	O
ausschließlich private Pflegeversicherung	O	O	O
Bei Arbeitslosigkeit			
gesetzliche Arbeitslosenversicherung	O	O	O
Im Alter			
gesetzliche Rentenversicherung	O	O	O
betriebliche Rentenversicherung (z. B. VBL)	O	O	O
Riester-Rente (für Angestellte)	O	O	O
Rürup-Rente (für Selbständige)	O	O	O
andere private Rentenversicherung(en)	O	O	O
Sonstige Möglichkeiten der Absicherung			
Bausparvertrag	O	O	O
Lebensversicherung	O	O	O
selbst genutztes Wohneigentum	O	O	O
Immobilie(n)/Eigentum zur Vermietung	O	O	O
Ersparnisse	O	O	O
Finanzanlagen (z. B. Aktien, Fonds)	O	O	O

18

51. Wie hoch ist ungefähr das monatliche Nettoeinkommen Ihres Haushalts insgesamt? (Wir meinen dabei die Summe aus Lohn, Gehalt, Einkommen aus selbstständiger Tätigkeit, Rente oder Pension, jeweils nach Abzug der Steuern und Sozialversicherungsbeiträge. Rechnen Sie auch die Einkünfte aus öffentlichen Beihilfen, Einkommen aus Vermietung, Verpachtung, Wohngeld, Kindergeld und sonstige Einkünfte hinzu. Wenn Sie in einer Wohngemeinschaft leben, geben Sie nur Ihr persönliches Einkommen an.)

○	weniger als 800 €			○	2501 bis	2700 €
○	801	bis	1000 €	○	2701 bis	3000 €
○	1001	bis	1200 €	○	3001 bis	3200 €
○	1201	bis	1400 €	○	3201 bis	3500 €
○	1401	bis	1600 €	○	3501 bis	3800 €
○	1601	bis	1800 €	○	3801 bis	4200 €
○	1801	bis	1900 €	○	4201 bis	4900 €
○	1901	bis	2100 €	○	4901 bis	6000 €
○	2101	bis	2300 €	○	mehr als 6001 €	
○	2301	bis	2500 €			

**Vielen Dank, dass Sie sich die Zeit genommen haben, den Fragebogen
zu beantworten. Ihre Mithilfe wissen wir sehr zu schätzen.**

Gibt es darüber hinaus noch etwas, was Sie uns bezüglich des Fragebogens bzw.
der Befragung mitteilen möchten, können Sie dafür den nachfolgenden Platz nutzen:

Datenschutzhinweis

Diese Befragung wird vom Institut für Soziologie, Martin-Luther-Universität Halle-Wittenberg, 06099 Halle (Saale), durchgeführt. Das Institut für Soziologie hält sich streng
an die gesetzlichen Datenschutzvorschriften der Europäischen Datenschutz-Grund-
verordnung (DSGVO) und verarbeitet Ihre Daten ausschließlich zu wissenschaftli-
chen Zwecken.

Mit der Teilnahme an der Befragung willigen Sie der damit verbundenen Datenverarbeitung zu. Die Einwilligung kann jederzeit mit Wirkung für die Zukunft widerrufen
werden, z.B. unter institut@soziologie.uni-halle.de. Die Einwilligung stellt zugleich die
Rechtsgrundlage der Datenverarbeitung dar. Gemäß DSGVO haben Sie das Recht
auf Auskunft, Berichtigung, Löschung, Einschränkung der Verarbeitung, Wider-
spruch, Datenübertragbarkeit und Beschwerde bei einer Aufsichtsbehörde. Für weitere Informationen zur Verarbeitung Ihrer Daten wenden Sie sich bitte an die für den
Datenschutz verantwortliche Person: reinhold.sackmann@soziologie.uni-halle.de.

20

Sachwortregister

Martin Warnke / Timon Beyes / Wolfgang Hagen /
Claus Pias (Hrsg.)

Niklas Luhmann am OVG Lüneburg

Zur Entstehung der Systemtheorie

Seine Karriere begann Niklas Luhmann Mitte der fünfziger Jahre am Oberverwaltungsgericht Lüneburg; grundlegende Einsichten seiner späteren Systemtheorie haben hier ihren Anfang genommen. Luhmanns Zeit am OVG Lüneburg ist begriffshistorisch maßgeblich für die Entwicklung eines der großen sozialwissenschaftlichen Theoriegebäude des 20. Jahrhunderts.

2017, zum Anlass von Luhmanns 90. Geburtstag, fand am OVG eine von der Leuphana Universität Lüneburg organisierte Tagung zum Frühwerk Luhmanns statt. Dieser Band dokumentiert die Beiträge von Hanna Engelmeier, Fabian Steinhauer, Ino Augsberg, Maren Lehmann, Sven Opitz, Günther Ortmann und Elena Esposito. Aus Luhmanns Personalakte ließen sich unerwartete Erkenntnisse gewinnen; es galt ihn als Juristen neu zu entdecken. Der Fehler und die Routine sowie die Figur der Unterbrechung erschienen als fruchtbare Begriffe in seinem Denken. Sein Weitblick in Hinblick auf die digitalen Kulturen durfte uns überraschen.

Soziologische Schriften, Band 86
Abb., 136 Seiten, 2021
ISBN 978-3-428-15932-1, € 39,90
Titel auch als E-Book erhältlich.

www.duncker-humblot.de